世界最先端の研究が教える

すごい心理学

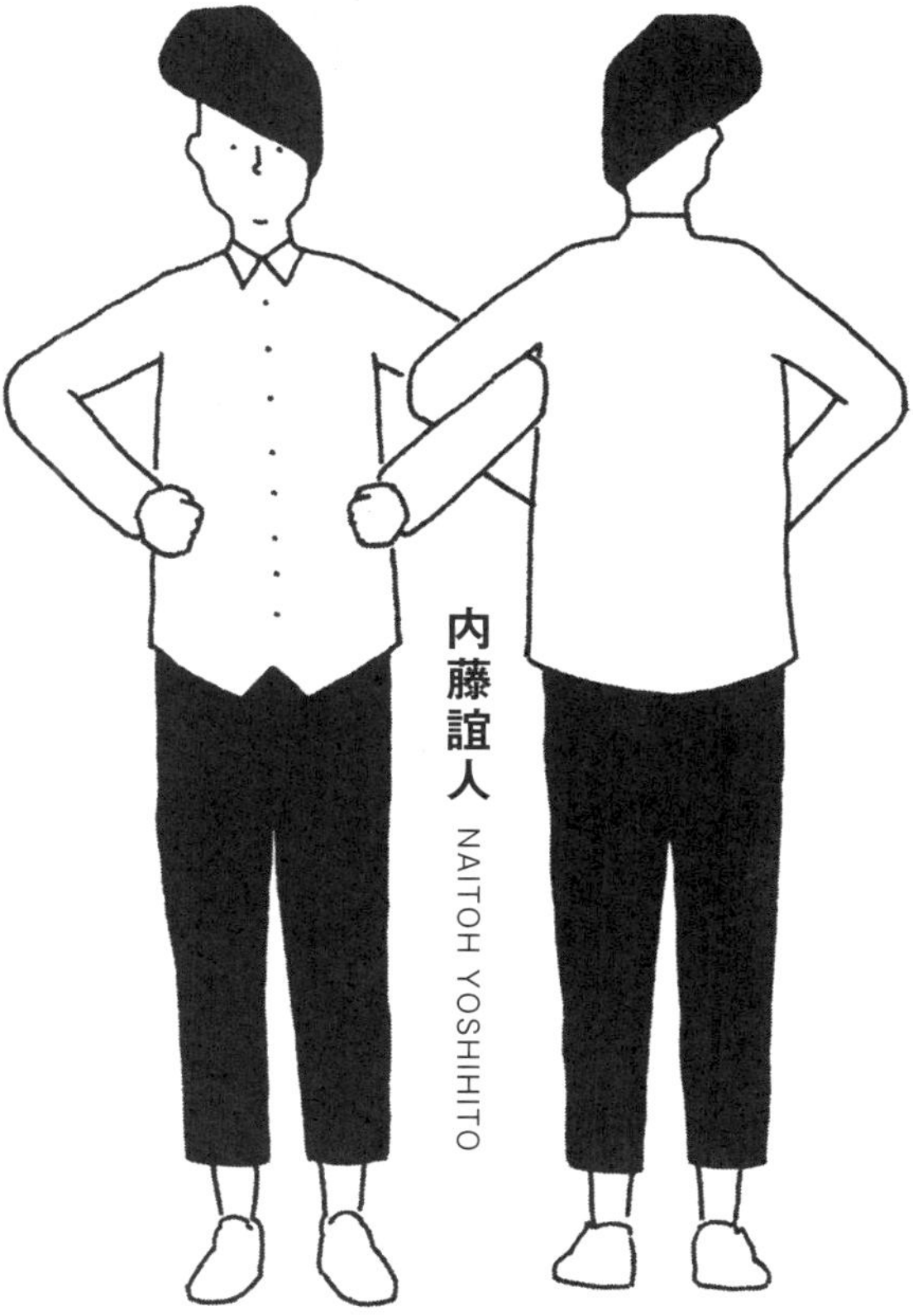

内藤誼人
NAITOH YOSHIHITO

SOGO HOREI PUBLISHING CO., LTD

まえがき

「心理学をぜひ学んでみたい!!」と考えている人は、たくさんいるでしょう。

けれども、せっかく興味を持って心理学の入門書を何冊か購入してみたのに、読んでみると、「なんだかちっとも面白くないな……」という思いにとらわれることもあるのではないかと思います。大学に入学して、心理学を学び始めたころの私がそうでした（笑）。

いったい、これはなぜなのでしょう。

その理由は簡単で、心理学には面白い実験や調査がいっぱいあるのにもかかわらず、心理学の入門書には、そうした研究がまったく載せられていないからなのです。せっかく興味を抱いて心理学を学ぼうとしているのに、これでは意欲がなくなってしまうのも当然かもしれません。

そこで本書では、よくある心理学の本に出てくる「ネタ」を取り上げるのをやめました。

私がこれまでに読んできた論文のうち、「へえ、これは知らなかったなあ」とか「面白い研究をやってるんだなあ」と、私自身が驚いたものだけを取り上げていきます。とにかく、とびっきり面白い心理学の本を作ってみよう、という意図で執筆しました。

いままでに何十冊もの心理学の本を読んできた人でも、本書の内容は絶対にご満足いただけるはずです。何しろ、ほかの本には書かれていないようなネタばかりを集めているのですから。

「ああ、またこの話か……」と読者をガッカリさせないことだけを念頭に、とにかく面白い（と私が感じた）ネタだけをご紹介していきます。

○自動車を見ただけで、どんな持ち主が乗っているかがわかる
○異性と一緒に食事するときには、恥ずかしがって食事の量が減る
○万引きを目撃しても、店員に通報しない人がほとんど
○戦争で「人を殺す」ことは簡単なことではない
○犬の落とし物（ウンチ）を、飼い主にきちんと拾わせるテクニック
○「いい男」は、「白いシャツ」を着る
○お医者さんの命じたことなら、かなりムチャクチャなことでも看護師は従う
○水泳選手は、個人のときよりチームでのリレーのときのほうが、タイムが伸びる
○顔が大きい人は、リーダーになりやすい

本書の内容の一部は、ざっとこんな感じ。自信のあるネタを選りすぐってご紹介していくつもりです。少しでも興味を持っていただけたのであれば、さっそくページをめくって本文をお読みください。飽きることなく最後までお読みいただけることは間違いありません。

どうか最後までお楽しみください。

世界最先端の研究が教える
すごい心理学 CONTENTS

第1章
「心の不思議」がわかる心理学研究

第2章

「え？ 本当に？」意外な心理学研究

第3章

「人間」が見えてくる心理学研究

第4章

ちょっと怖い心理学研究

第5章 こんなことまで扱う心理学研究

ブックデザイン　別府拓（Q.design）
イラスト　ぷーたく
DTP・図表　横内俊彦
校正　池田研一

第1章

「心の不思議」がわかる心理学研究

高いビールと安いビールのどちらがおいしい？

「いやあ、やっぱり何万円もするワインは違うな」
「さすがに、高級品は味が違うよ」

自分が払ったお金によって、料理や飲み物の「おいしさ」は変わって感じるものです。本当は微妙な味の違いなどわからないにしても、高ければ高いほどおいしさを感じるのです。

心理学者は、人をだますのが大好きなので、安物のワインに高級ワインのラベルを貼りつけて試飲させる、といった実験をよくやります。するとたいていの人は、「さすがに高級品はうまい」と口を揃えて言うのです。

ビールの愛飲者には、「ビールなら絶対に味がわかる！」と豪語する人がたくさんいます。では、本当に違いがわかるのでしょうか。

米国カリフォルニア州にあるスタンフォード大学のダグラス・マッコーネルは、ビール愛飲者だけを60名集め、8週間にわたって3種類のビールを飲んでもらい、それぞれ点数をつけてもらいました。ただし、ビールの中身はすべて同じで、ラベルに書かれた価格だけが違います。

■図１　ダグラス・マッコーネルの実験結果

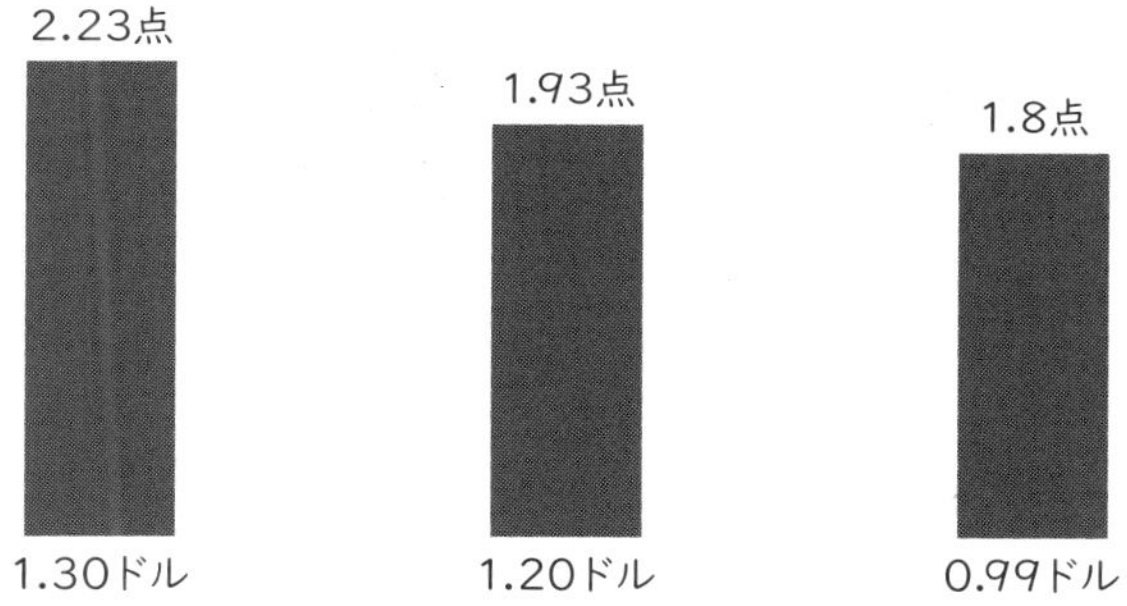

※数値は4点満点。4点に近いほど「おいしいと感じた」ことを示す

さて、ビールの味の平均的な評価はどうなっていたのでしょうか。念のためにくり返しますが、中身はすべて同じビールですよ。

毎日、ビールを１本ずつ飲んで、「とても飲めたものではない」なら０点を、「これはとても素晴らしい」と感じるなら４点をつけてもらいました。最終的な評価の平均は図１の通り。

あらら、**ビールの愛飲者ばかりを集めたというのに、結局は価格が高いビールほど、高い得点をつけてしまっています**。もし本当に「ビールの味がわかる」というのなら、すべて同じ得点をつけていなければならないはずなのに。

私たちは、それほど正しく味を理解することはできないのです。実際には、価格を見て目くらましされているだけ、というケースが多いのではないでしょうか。

「思い込み」で頭が良くなる

佐藤製薬が販売している「ユンケル」には、いろいろな種類のものがあります。メジャーリーガーのイチロー選手がユンケルを飲んでいることは有名な話ですが、イチロー選手が飲んでいるユンケルは、「ファンティー」という、ユンケルシリーズの中でも最高クラスのものだそうです。

ユンケルを飲むと、本当に身体にエネルギーが溢れてくるらしいのですが、やはり飲むのであればイチロー選手を真似て、いちばん高いものを飲んだほうがいいのでしょうか。

個人的には、価格によって成分が違うということはそんなになくて、ただの自己暗示の効果ではないのかなとも思っています。**「高いドリンクなんだから、効くはずだ！」という単なる思い込みによって、元気が出てくる**のです。価格が2倍だから、身体が元気になる成分も2倍入っているのかというと、そんなことはないでしょう。

前項でビールのおいしさを値段によって決めてしまうという実験をご紹介しましたが、価格によって、その効能さえも目くらましされてしまうことが少なくありません。

米国スタンフォード大学のバーバ・シッブは、１２５名の大学生に実験参加を要請し、「このドリンクを飲むと、頭が冴えてくるんです」と、エネルギードリンクを飲ませました。ただし片方のグループのドリンクには、「1・89ドル」という価格ラベルが貼られていて、もう片方のグループのドリンクには、「0・89ドル」というラベルが貼られていました。もちろん中身は一緒。それからどちらのグループにも、ワード・パズルを解いてもらいました。

すると、高い価格のエネルギードリンクを飲んだグループでは、解いたパズルの数の平均は9・7で、安いエネルギードリンクを飲んだグループでは6・75でした。**高いドリンクを飲んだグループは、「頭が冴えてくるはず」という思い込みが強化されたのか、本当に頭が良くなってしまった**のですから、驚きの結果ですね。

ちなみに、薬についても「この薬は効くぞ」と思って飲めば、インチキな薬でも薬効が表れてしまうことが知られています。これは**〝プラシボ効果〟**と呼ばれる現象です。ユンケルの効果についても、ある程度はこのプラシボ効果によるものではないでしょうか。「安いものより高いもののほうが効くはずだ」と思って飲めば、本当にエネルギーが身体に溢れてきてしまうのかもしれません。「もし効果がないなら、こんなに高いはずがない」と思って飲めば、本当に効くのですね。

デキる人は軽いカバンを持つ

私たちの心は、身体の影響を受けています。

身体が重く感じると、心も重く感じてしまいます。ですから、普段持ち歩くカバンは、できるだけ中身をスッキリさせておいたほうがいいのです。なぜなら、**重たいカバンを持ち歩いていると、気分も落ち込んできたり、やる気がなくなったりする**からです。

身体的な辛さは、精神的な辛さにもつながるのです。

米国ヴァージニア大学のデニス・プロフィットは、被験者に重い荷物がたっぷり入ったリュックサックを背負わせて、あるいは何も背負っていない状態で、目の前にある坂の角度を推測させるという実験をしてみました。

すると、**重い荷物を持ったグループのほうが坂の角度を高く見積もりました**。重いものを持っていると、これから自分が登らなければならない坂がとても険しく見えてしまうのです。

続く第二実験として、プロフィットは気分が滅入《めい》るような曲を聞かせながら、あるいは気分が明るくなるようなアップテンポの曲を聞かせながら、やはり坂の角度を見積もらせました。

すると、前者のグループが平均31度と見積もった坂を、気分が軽くなった後者のグループは19度と見積もったのです。

とにかく身体はできるだけくつろいだ状態にしておきましょう。

窮屈なネクタイをして、カバンの中にたくさんの書類を入れて持ち歩いていたら、身体的にも疲れてきます。そして身体的に疲れてくると、それに伴って精神的にも辛くなっていくのです。

その反対に、**身体のほうを軽くしておけば、心も軽くなっていきます**。

「これくらいの仕事なら、ホイホイと片づけることができるさ」

「お客さんへの訪問なんて、へっちゃらさ」

という気分で仕事ができるのです。

カバンの中に、重たいノートパソコンやら、書籍などを入れて持ち歩いていると、仕事もうまくいかなくなるでしょう。なぜなら、心に重荷を感じるようになってしまうからです。自分で自分の首を絞める必要はありません。とにかく、余分なものはできるだけ持たないようにするのが正解です。

かつて私は、とにかくカバンに何でも入れて持ち歩いていました。いくつもの充電器やら、電車の中で読むための本やら、携帯用ゲーム機やら、喉が痛くなったときのための喉に塗るス

プレーやら、その他の常備薬なども持ち歩いていました。そのためいつも疲れやすく、気分も落ち込んでいました。

けれどもあるときから、ほとんど手ぶらで出かけるようになりました。そのほうが、気分もスッキリして、仕事も好調になることがわかったのです。

とにかく重い荷物はなるべく持たないようにしてください。そうすると、精神的にとてもリラックスして仕事ができますよ。

お客の衝動買いを誘う香りとは

大して欲しいとも思わないのに、なぜか衝動買いしてしまった、という経験は誰にでもあると思います。

何となく店舗の雰囲気を気に入ったときなどに、こういうことはよく起きます。私たちは、ポジティブなムード、すなわち「快の状態」にあるときには、たくさん買い物をしてしまうのです。こういうとき、理性はあまり働きません。完全に「気分」で買い物をしてしまいます。

人間をポジティブな気分にさせる要因は数多くありますが、そのひとつは「香り」。

私たちは、芳《かぐわ》しい匂いを嗅ぐと、気分が良くなることが知られています。だとしたら、お店に心地良い香りを満たしておけば、お客の買い物も促進されたりするのでしょうか。

この仮説を調べてみたのが、カナダにあるライアソン大学のリチャード・ミッション。ミッションは、ショッピングモールの小売店の店主にお願いして、店舗内に香りを満たす日と無臭の日を設けさせてもらったのです。香りは、ラベンダーとシトラスの2種類を試してみました。10個の噴霧器を使って、6分おきに3秒間噴射されることになっていました。したがって、香りが途切れることはありません。

その結果、**お店の中に心地良い香りを満たしたときには、お客からのお店の評価も、商品の品質も高く判断されることがわかった**のです。

「良いお店だなあ」

「ここには良い商品ばかりが並んでいるなあ」

良い香りを振りまいておくと、お客をそんな雰囲気に誘うことができたのです。

ただし、ミッションの実験では、お店の混み具合も関係していることが明らかにされました。店舗内にたくさんのお客がいるとき、すなわちお店が混んでくると、シトラスの香りを振りまくことが逆効果になることがわかったのです。お店が混んできてイライラしているときには、シトラスの香りは、あまり効果を上げられませんでした。

一方で、ラベンダーにはそういうこともありませんでした。ラベンダーの香りは、お店が空いていようが混んでいようが、お客をポジティブにさせる効果があったのです。

どんな香りを使うかによっても、お客の心理は微妙に影響を受けるようです。お店の売上を伸ばしたいのであれば、ラベンダーの香りを上手に使ってみるのがいいかもしれませんね。

効果的なジョギングコースを選ぶ方法

人にじっと見つめられることは、そんなに気分のいいことではありません。**知らない人に見つめられていると、何となく居心地が悪くなって、できるだけ相手から目をそらして、その場から足早に逃げようとする**のが普通です。「他人に見られるのが快感だ」という人もいるにはいるのでしょうが、そういう人は少数派。たいていの人は、緊張するものです。

米国カリフォルニア州立大学のチャールズ・ウォーリンガムは、ジョギングコースを走っている人が90ヤードの距離を走る速さを測定してみました。

ただし、真ん中の45ヤード地点の芝生には女性が座っていて、走っている人をじっと見つめているのです。最初の45ヤードを走るときの速さと、後半の45ヤードを走るときの速さには、違いが出たのでしょうか。

結果から言うと、たいていの人は、**女性に見つめられていることがわかるとペースアップしました**。できるだけ早くその場から立ち去りたいと思ったのでしょう。自分でも気がつかないうちに、走るスピードを上げていたのです。

ということはつまり、**効果的なジョギングをしたいのであれば、なるべくほかの人がたくさんいるコースを選んで走るのが正解**、ということになります。なぜなら、ほかの人に見られていれば手を抜かずに走りますからね。自然にペースアップして、ジョギングの効果も高くなるというわけです。

もし誰ともすれ違わない、ずっと一人きりで走るようなコースを選べば、手を抜いて走ってしまうことになります。見られていないときには、わざわざペースアップもしないでしょうから、ちょっとでも疲れてくれば歩いてしまうかもしれません。他人に見られていると思えば、なかなかそういうわけにはいかず、一生懸命に走ることになるでしょう。

仕事でもそうで、自分一人だけで仕事をしてよいということになると、たいていの場合は手を抜くのが人間です。他人に見られていると思えばこそ、手抜きもできなくなるのであって、仕事のペースがアップするのです。

他人に見られていると、人は緊張して、普段以上の力を出せたりするのですね。

自分のパフォーマンスを上げる条件

スポーツの世界では、たくさんの観客に見られているときのほうがパフォーマンスが良くなるという人と、逆に緊張してしまって、パフォーマンスが下がってしまうという人がいます。仕事でもそうで、一人ではうまくできるのに、周囲に誰かいると、うまくできなくなってしまう、という人がいるようです。こういう違いはどこから生じるのでしょうか。

実は、得意なことをやるのか、不得意なことをやるのかによって変わってくるようです。**得意なことでは、他人に見られているときにパフォーマンスが良くなります**。逆に「これはちょっと苦手」ということをするには、一人のときのほうがパフォーマンスが良くなるのです。

米国ミシガン大学のヘーゼル・マーカスは、本人にとって慣れていること（自分の靴を脱いで、もう一回、履く）と、慣れていないこと（自分の靴下の上から、フリーサイズの靴下をもう一枚重ねて履いて、さらにテニスシューズを履く）を、自分一人のときと、他人に見られているときで、スピードを測定してみました。すると、**慣れた行動では他人に見られているときのほうがスピードアップできました**。ところが**不慣れなことでは、見られていないときのほう**

図2 ヘーゼル・マーカスの実験結果

	一人でやる	誰かに見られながらやる
慣れた行動	16.46秒	11.70秒
不慣れな行動	28.85秒	33.94秒

※数値は行動に要した時間を示す

が早くできたのです（図2）。

ゴルフで言うと、アプローチショットが得意な人は、観客がいるときのほうが上手にアプローチを決めることができるでしょう。ところがパッティングが苦手だとしたら、観客の前では普段よりもっとうまくできなくなってしまうと予想できます。

他人に見られていると、どうしても緊張してしまうものですが、得意なことや慣れたことをするときには、その緊張をやる気や意欲に転換することができます。逆に苦手なことをやるときには、緊張をうまく転換できず、パフォーマンスが悪くなってしまうわけです。

得意なことをやるのなら、周囲に人がいる状況を選びましょう。苦手なことをするのなら、あまり人に見つめられない状況のほうがいいでしょう。

普段できることができなくなるとき

普段はどういうこともなくできることでも、プレッシャーを感じると、途端にできなくなってしまいます。

「あれえ？　どうして今日はできないんだ？」と思って悔しい思いをすることもあります。自宅では上手にピアノの演奏ができる人でも、発表会の当日にはできなくなってしまうのも、**プレッシャーを感じていると、できることができなくなる**からです。

これは、その道のプロでも同じらしいです。どんな世界でも、プロになるくらいならプレッシャーには慣れているようなイメージがあるのですが、そんなことはありません。やはり人の子ですから、人並みにプレッシャーも感じますし、普段できることもできなくなります。

米国フロリダ州にあるエッカード・カレッジのマーク・ディヴィスは、メジャーリーガー３００名の打者の記録を調べました。１９８９年のナショナルリーグ、アメリカンリーグのシーズン中の記録です。

ディヴィスは、まずプレッシャーがほとんどない場面の打率を調べました。「前半のイニングである」「ランナーがいない」「ノーアウトまたはワンアウト」という場面のことです。

またディヴィスは、プレッシャーのかかる場面についての打率も調べました。「後半のイニングである」「スコアリングポジションにランナーがいる」「2アウト」という場面のことです。

さて、打者300名の打率はどうなっていたのでしょうか。

調べてみると、**プレッシャーのかかる場面では、どの打者も80%ほどしか力が出せないことがわかりました**。つまり、いつもより20%も打率が悪くなったのです。

プロの選手ですら、プレッシャーがかかれば、普段できることができなくなるものなのです。ましてプロでも何でもない私たちが、プレッシャーのかかった状況で実力を出し切れないのは当たり前のことではないでしょうか。もし**プレッシャーがかかる場面に遭遇したら、こう自分に言い聞かせてみてください。「プロだって実力を出せないのが普通なんだから」**と。そう考えれば、少しはプレッシャーがなくなるかもしれません。

たとえばスピーチをしなければならないときには、「プロの噺家《はなしか》だって、うまく話せないときはあるだろうし、プロのアナウンサーだって言い間違いをすることはよくある。ましてや自分なんてずぶの素人なんだから、うまくスピーチできなくて当たり前だよね」と思えば、プレッシャーも感じなくてすみますよ。

ホーム戦が有利とは限らない

スポーツの世界では、アウェー（敵地）よりもホーム（自分たちの慣れた場所）のほうが、断然に有利だとされています。

ホームであればサポーターも味方ばかり。試合中には、サポーターからの心強い応援が期待できます。試合会場のどこにトイレがあるのか、どこに控室があるのかもわかります。迷ったりすることはありません。逆にアウェーだと、敵のサポーターからのブーイングを嫌というほどされるでしょうし、慣れていない会場では、移動するだけで疲れてしまいます。

ホームのほうが断然に有利だということは、〝ホーム・アドバンテージ〟と呼ばれています。

しかし、本当にホームでは有利なことばかりなのでしょうか。

いえいえ、**実は、ホームのほうが「不利」に働くこともある**と、米国オハイオ州にあるケース・ウェスタン・リザーブ大学のロイ・バウマイスターは明らかにしました。普通に考えれば、ホームのほうが有利のように思えますが、逆説的な効果を示すこともあるのです。

ホームであれば、たしかに観客のほとんどは自分の味方でしょう。しかし、観客が多くなればなるほど、しかも勝つことが期待されればされるほど、それはプレッシャーとして働いてしまうはずだ、というのがバウマイスターの仮説です。

この仮説を検証するため、バウマイスターは、メジャーリーグのワールドシリーズ（アメリカンリーグとナショナルリーグの覇者同士の勝負）の結果を、50年分以上も分析してみました。

ワールドシリーズは最大7試合が行われ、先に4勝したほうが優勝となります。1・2戦目は比較的プレッシャーが少ないと考えられます。「まあ、負けてもまだ次の試合がある」と考えられるからです。このときのホームでの勝率は、60・2％でした。たしかに、ホーム・アドバンテージが見られたのです。

ところが、5戦目、6戦目と、比較的**プレッシャーのかかってくる試合になると、ホームでの勝率は40・8％にまで落ちました**。ホームでいらぬプレッシャーを感じるくらいなら、かえってアウェーで試合をしたほうが勝率が高くなるという皮肉な結果が見られるわけです。

もう後がない7戦目はどうでしょう。この場合のホームでの勝率は38・5％にまで落ちました。圧倒的にホームよりもアウェーで勝負したほうが有利であることを示しています。

前項でもお話しましたが、人間はプレッシャーに弱い動物です。ファンの前でカッコ悪いところは見せられないとか、期待を裏切れないとか、余計なことを考えると普段通りの力は出せません。そうなるくらいなら、アウェーでのびのびと試合をしたほうがいいこともあるのです。

どんな人の言うことだったら聞くか

同じ頼みごとであっても、依頼者が権威を感じさせる服装をしていれば引き受けてもらえますが、そうでなければ引き受けてもらえない、ということがあります。

私たちは依頼者の服装を見て、従うかどうかを決めているのです。

「この人は立派な服装をしているから、言うことを聞いておこう」

「この人は薄汚い格好をしているから、言うことは聞かなくてもいいだろう」

相手の身なりを見て、そういう判断を瞬時に行っているのです。

米国ユタ州にあるウェバー州立大学のブラッド・ブッシュマンは、150名の歩行者に声をかけて、「あそこの路上パーキングにいる人は、小銭を持っていないみたいなんだが、1ダイム恵んであげてくれないか？　私も小銭の持ち合わせがないんだよ」とお願いしてみました。

ただし、ブッシュマンは3種類の服装でお願いしました。あるときはみすぼらしい服で、またあるときはスーツで、またあるときは消防士の格好をして、歩行者にお願いしてみたのです。

すると、お願いを聞いてくれた歩行者の割合は、図3のようになりました。同じお願いをし

図3　ブラッド・ブッシュマンの実験結果

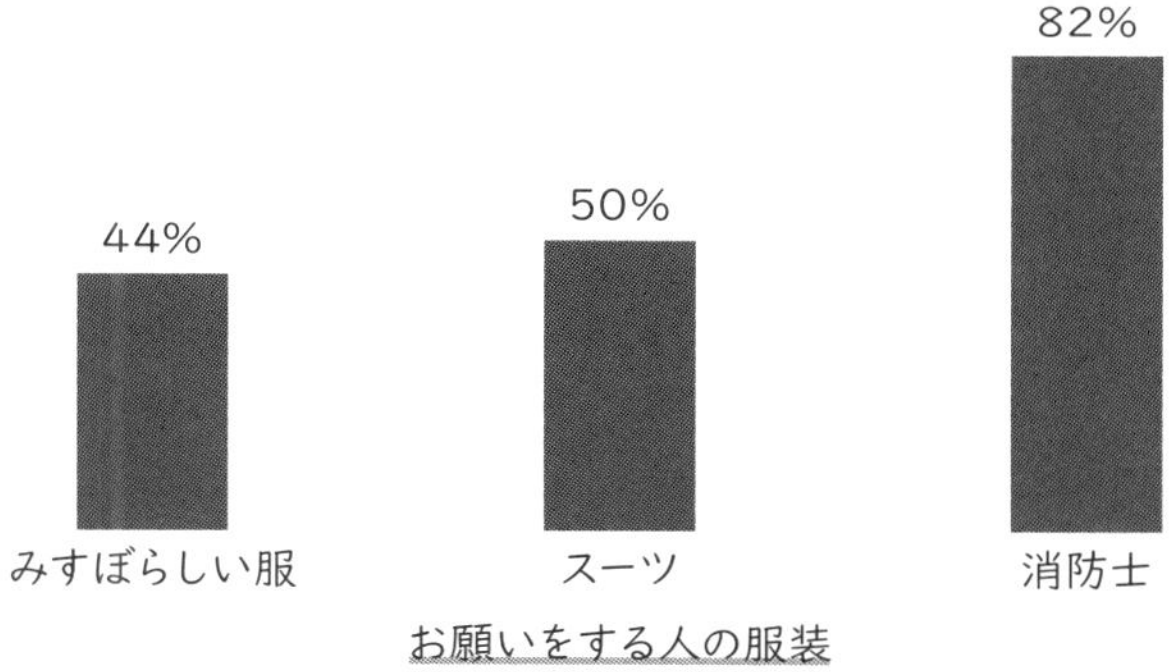

※数値はお願い事を聞き入れた人の割合を示す

ても、消防士のように**「権威を感じさせる服」であれば人は驚くほど言うことを聞いてくれることがわかった**のです。

消防士のような服装の人から「家庭用の消火器を買ってください」と言われれば、たいていの人は買ってしまうでしょう。詐欺《さぎ》グループはその心理を知っています。権威を感じさせる服装で人をだまそうとする事件が絶えません。

警察官の服装であれこれとお願いされれば、やはり断れないのも、権威を感じさせる服装だからです。そういえば、歴史的に有名な3億円事件でも、犯人は警察官の格好をして、白いオートバイに乗っていたといいます。

相手が権威のある服装をしているからといって、安易に信用してはいけません。世の中には、悪だくみをする人がいくらでもいるのです。

みんなでいると注意を聞かなくなる

前項でお話ししたように、私たちは相手の服装を見て、その人の言うことを聞くかどうかを決めています。

心理学では、これを**〝ドレス効果〟**と呼んでいます。消防士の服装をしていればおかしな依頼をされても引き受ける人の割合が増加するというのも、ドレス効果のひとつです。

ついでにもうひとつ、面白いドレス効果の実験についてお話ししましょう。

米国ウィスコンシン大学のコンスタンティン・セディキデスは、ニューヨーク州ブロンクス郡にある動物園で、夏の３日間に訪れた２２４名のお客を対象にした実験をしてみました。

どんな実験かというと、動物園の飼育員の服装、あるいはTシャツでサンダルを履いたアシスタントが、「すみません、柵にはもたれかからないでください」とお客にお願いします。そうしてアシスタントは立ち去るのですが、その後のお客の行動をこっそり観察してみたのです。

するとやはりというか、ちゃんと**柵から離れてくれた人の割合は、飼育員の服装でお願いしたときのほうが高くなりました**（図４）。

■図4　コンスタンティン・セディキデスの実験結果

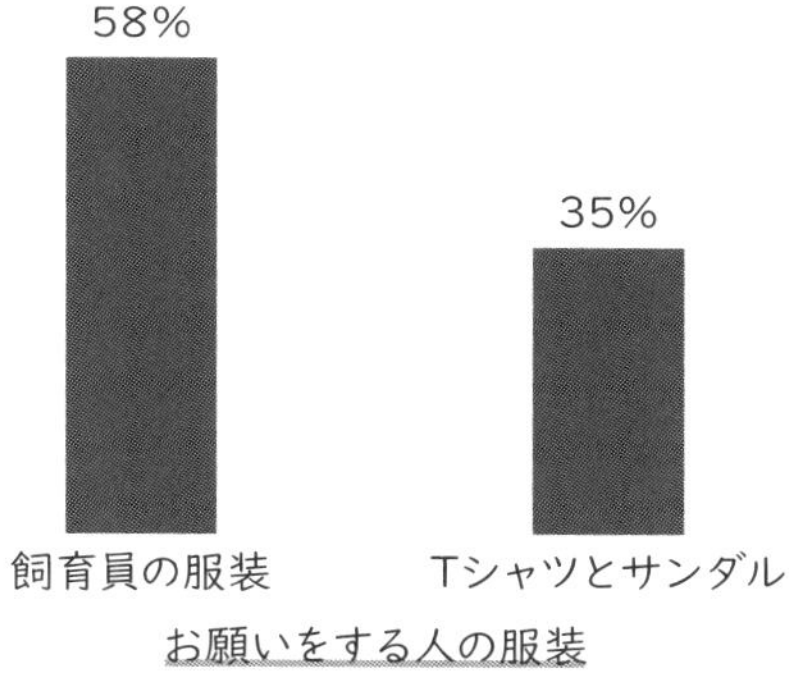

※数値はお願い事を聞き入れた人の割合を示す

さらにセディキデスは、お客の人数構成とその反応についても調べています。お客が1人か2人連れのときには、言うことを聞いてくれる割合は60％でしたが、3人から4人のグループになると49％に減り、5人から6人のグループでは14％にまで落ちました。

1人か2人ならまだしも、大勢のグループに言うことを聞かせるのは、かなり難しいみたいですね。

犬の落とし物を飼い主に拾わせるためには

犬のお散歩をするときには、「落とし物（ウンチ）」をきちんと処理するための袋やバッグを携帯するのが飼い主のマナー。

とはいえ、面倒くさがって、落とし物をそのまま放っておく、マナーの悪い飼い主も少なくありません。いや、少なくないどころか、圧倒的多数の飼い主はそのままにしておくことのほうが多いのです。犬のお散歩コースになっている付近の住民にとっては、たまったものではないでしょう。きちんと犬の落とし物を拾っている飼い主からすれば信じられないかもしれませんが、実際には拾う人のほうが少ないのです。

米国イリノイ州にあるデポール大学のレオナルド・ジェイソンは、8×7ブロック分の範囲を歩き回り、飼い主が犬の落とし物を拾うかどうか、1日5時間、7日間にわたって計35時間の観察を行ったことがあります（大変に疲れたと思います）。

この観察によると、犬の落とし物をきちんと拾う飼い主はわずか5％に過ぎませんでした。95％の飼い主は、そのままにして足早に逃げてしまったのです。

「これでは、いかん!」と考えたジェイソンは、きちんと落とし物を拾わせる方法を考えました。まず試したのは、犬のお散歩コースになっている道路の両側に看板を貼りつけておくことでした。7日間にわたって、「子どもの健康を守りましょう。犬の落とし物を拾ってください」という看板を貼りつけておきました。

さて、結果はどうなったのでしょうか。ジェイソンが犬の散歩をする人を見つけるたび、その後ろからこっそり尾行して確認したところでは、きちんと落とし物を拾った人はわずか6%。ほとんど変わりませんでした。

そこでジェイソンは次なる手を考えました。犬の散歩をする人が来たら、付近の住民を装ったアシスタントに声をかけさせ、**「こちらの使い捨て処理袋をどうぞ」**と袋を手渡すことにしたのです。

このやり方は、きわめて効果的でした。尾行して確認したところでは、**82%の飼い主が落とし物を拾ってくれた**のです。

「○○しましょう」という正論をいくら訴えても、それに従ってくれる人はあまりいません。**人に行動を取らせたいのなら、より積極的な働きかけが必要になります**。

たとえば「ゴミを拾いましょう」と口で言うのではなく、ゴミを拾うための袋を手渡したり、あるいは大きなゴミ箱を設置したりするのです。そうすれば、ゴミをその辺にポイ捨てする人はいなくなるでしょう。

ディズニーランドには、「ゴミはゴミ箱に捨ててください！」などという看板はひとつもありません。そうではなく、とにかくたくさんのゴミ箱が設置されています。ディズニーランドには700、ディズニーシーにも500を超えるゴミ箱が設置されているといわれています。わざわざ効果のない看板を立てるのではなく、数十mおきにゴミ箱を置くようにすれば、お客はちゃんとゴミ箱にゴミを捨ててくれるのです。

美人がエコヒイキされるという悲しい現実

顔立ちが整った人、いわゆる**美人やイケメンは、たいていの人からやさしくしてもらえます**。まことに羨ましいですし、「世の中ってホントに不公平だよな」と文句のひとつも言いたくなってしまうものですが、それが事実なのですからどうしようもありません。美人とイケメンは、何かとトクをしやすいのです。

たとえば、もしどこかに荷物を置き忘れても、顔立ちが良い人ならきちんと届けてもらえます。

米国インディアナ州にあるアールハム大学のピーター・ベンソンは、中西部のとある空港の公衆電話のブースに、わざと書類を置き忘れておくという実験をしたことがあります。

書類は、大学院受験の応募用紙なのですが、その用紙には受験者のものらしい写真が貼りつけてありました。写真は４種類用意されていて、魅力的な男性、魅力的な女性、そうでもない男性、そうでもない女性の４つです。

書類にはすでに切手が貼られており、それを投函《とうかん》してもらえるかどうかを測定してみたので

す。書かれていた送り先の住所は、ベンソンの研究室でした。では、最終的にどれくらい届いたのでしょうか。

離れた場所から観察したところ、全部で６０４名（男性４４２名、女性１６２名）が公衆電話のブースを使っていました。実際に戻ってきた書類は、**魅力的な写真が貼られている場合では47%、そうでもない人の写真を貼っておいた場合では35%**でした。ただし、男女差はありませんでした。

この結果は、顔立ちが良い人ほど、親切にされやすいということを示しています。

顔立ちがそれほど良くないときには、わざわざ書類をポストに投函してあげよう、という気持ちにならないようです。会社でもそうでしょう。美人の女の子は、やはり職場の人たちからチヤホヤされやすいでしょうし、もし困ったことがあっても、「どうしたの？」「大丈夫？　手伝おうか？」とやさしい言葉をかけてもらえる可能性が高くなります。

その点、顔立ちがそれほど良くない人は、なかなか助けてもらえないという悲惨な状況に陥りやすいと言えます。

私たちは、小さなころから平等であることや公平であることの価値を学ばされるものですが、**現実には、公平な扱いをしてもらえるということはなかなかありません**。それが世の中の悲しい現実と言えるでしょう。

素晴らしいエッセイの書き手は誰だ

まったく同じ仕事をしていても、Aさんはとても高い評価を受けるのに、Bさんのほうはそうでもない、ということはよくあります。

実際の仕事の出来栄えに差があるのなら、評価が異なるのも納得できるのですが、**仕事の出来栄えが同じなのに、評価が異なる**のですから、悪い評価を受けたほうは釈然としない気持ちになるだろうと思います。

米国ニューヨーク州にあるロチェスター大学のデビッド・ランディは、60名の男性判定者に、約700語で書かれたエッセイを評価してもらう、という実験をしたことがあります。

なおエッセイには、書き手のプロフィールも載せてありましたが、そこには美人の写真とそうでもない人の写真が載せられていました。どちらの写真も、大学のイヤーブックから選び出した写真です。

エッセイを評価するにあたっては、「文章のまとまりの良さ」や「独創性」、「面白さ」などに点数をつけてもらったのですが、**書き手が美人のエッセイは、とても高い評価を受けました**。

「素晴らしく良く書けていて、独創的な内容で、興味を惹くエッセイだ！」という評価を受けたわけです。一方で、**書き手がそんなに美人でもないときには、そういう評価は受けませんでした**。

ところが、それらのエッセイの内容は、一語一句まで完全に同じ文章だったのです。違ったのは、ただ書き手のプロフィールに載せられた写真だけ。それなのに、エッセイに対する評価はがらりと変わってしまったのです。これはもう、書き手が美人だったから、良い評価を受けたのだと結論しないわけにはいかないような結果でした。

私たちは、**相手が魅力的な人だと「色メガネ」をかけて評価してしまう**ものなのです。冷静に、客観的に、相手の仕事を判断するなどということはできません。始めから高い点数をつけてしまうのです。

学校でも同じです。顔立ちが良い人は、男性でも女性でも、先生からのウケが良くなります。テストで悪い点数を取っても温かい言葉をかけてくれたりします。ところが、ブサイクな生徒には冷たい態度を取るものです。

先生も、心のどこかでは自分が魅力的な生徒には「甘い評価」をしていることに気づいているのですが、なかなか改めることはできません。まあ、学校の先生といっても、やはり人間ですから、知らないうちに魅力的な生徒をエコヒイキしてしまうのでしょう。

顔立ちの良い人が出世する理由

ここまでお話ししたように、美人は、何かとトクをします。

実際に、金銭的にもトクをします。

米国マサチューセッツ州にあるハーバード大学のマークス・モビウスは、ビジネスシーンにおける〝ビューティ・プレミアム〟について研究しています。「プレミアム」というのは、「割増金」のことで、**同じような仕事をしていても、美人ほど余分なお金がもらえる**、という意味になります。

たとえ同じ業績を上げたとしても、美人とそうでない人とでは、違う評価を受けます。美人はその業績が認められやすく、ポンポンと出世していくでしょうし、当然給料も上がっていきます。ところが、まったく同じような業績を上げていても、顔立ちが平凡な人はなかなか出世させてもらえません。「不公平じゃないか！」「不条理じゃないか！」と思われるかもしれませんが、それが事実。これはどうにもなりません。モビウスによると、魅力的な人には図5のような特徴があり、その特徴によって、ビューティ・プレミアムが発生するらしいのです。

図5　マークス・モビウスの研究

ビューティ・プレミアムとは

❶美人（とイケメン）は、自信があることが多い。自信があることは、ビジネスでの成功に役に立つ。

❷美人（とイケメン）は、周囲の人から「有能だ」と（誤って）評価されやすい。「仕事ができる人」のように見られることは、出世のしやすさに影響する。

❸美人（とイケメン）は、コミュニケーション・スキルが高いことが多い。コミュニケーション・スキルの高さは、収入の増加に役立つ。

もし「私って、ホントに平凡な顔だよなあ」と思うなら、美人の2倍も3倍も頑張らなければなりません。同じことをしていたら、どうしても向こうのほうがエコヒイキされるからです。

2倍も3倍も頑張っていれば、根性もつきますし、仕事力もアップするはずですから、**長い目で見れば平凡な顔立ちであることも決して悪いことではありません**。それだけ努力家になれるということでもあります。美人やイケメンは良い評価を受けやすいために、それにあぐらをかいて仕事の手抜きをするかもしれません。

「ウサギとカメ」の童話もそうですが、最後には努力をしたほうが勝ちます。魅力的な人を羨んでばかりいないで、とにかく自分のできることを精いっぱいやることが大切だと言えるでしょう。

病院の待ち時間と遊園地の待ち時間

みなさんは、病院の待合室などで、患者がイライラしている姿を見たことがありませんか？看護師が通り過ぎるたびに、「私の順番はいつなんですか？　もう2時間も待っているんですよ！」と文句を言っている患者さんは、どこの病院にもいるのではないかと思います。

私たちは、何もせずにただ黙って待ち続けるのが苦手です。「いつになったら自分の番になるのだろう？」ということがわからないと、待ち時間が異様に長く感じられますし、自分の番が回ってくるのを緊張して待っていると、神経も疲れます。

ただ、同じ待つにしても、「あと何番目に自分の番が回ってくるのか」あるいは「あと何分待てばいいのか」がわかれば、それなりに我慢はできるようです。

イスラエルの心理学者ナイラ・ミュニチャーは、大学の研究室にかかってきた123件の電話で、面白い実験をしています。面白いとはいっても、連絡をかけてきてくれた人にとってはムリヤリに実験に参加させられたわけで、たまったものではありませんが。

ミュニチャーは、かかってきた電話を取らずに、相手が108秒間待てるかどうかを測定してみました。なぜ１０８秒という中途半端な時間が選ばれたのかはよくわかりません。それはともかく、だいたい２分くらい待たせたわけです。

ただし、次のような条件で留守番電話が機能するようにしておきました。

第一条件では、ただ音楽が流れるだけ。

この場合には、69・4％の人が待ちきれずに電話を切ってしまいました。

第二条件では、音楽が流れるだけでなく、「お待たせして申し訳ありません。そのままお待ちください」というアナウンスが、１０８秒間に３回流れることになっていました。この条件では、「お待ちください」と言っているわけですから、電話をかけてくれた人も待ってくれたのでしょうか。

いいえ、そうはなりませんでした。66・7％はやはり途中で切ってしまったのです。

最後の第三条件では、「現在、あなたは３番目です」「現在、あなたは２番目です」「次があなたの順番です」というアナウンスが３回流れました。

このときには、途中で切ってしまう人がグッと減り、35・9％になりました。

私たちは、待たされるのがイヤではあっても、**「どれだけ待てばいいのか」の目安がわかるのなら、少しくらいは我慢できる**のです。

ディズニーランドでは、「このアトラクションは、待ち時間が45分」といった看板を出して、きちんと待ち時間を伝えていますよね。だからお客もそんなに文句を言わないのです。最近は銀行などでも、やって来たお客に番号が書かれた紙を配布している所があります。番号が書かれていて、自分が何番目かがわかるようなシステムを導入してから、お客からの苦情がずいぶん減ってきたそうです。これは良いアイデアだと言えるでしょう。

私たちが買い物で優先すること

最近は、インターネットで簡単に買い物ができるようになりました。オンラインショッピングと呼ばれる消費行動です。たった5年、10年前と比べても、まことに便利な世の中になったと思います。

インターネットを使えば、誰でも好きなだけ情報を集めることができます。何か欲しい商品があったときには、複数のサイトで価格を比較することができるのです。オンラインショッピングをする人たちは、上手に情報検索しながら、最適な、すなわち最安値の商品を見つけ出して賢く買い物をしているのだろうな……と、私はずっと思っていました。

けれども、どうもそうではないようです。**オンラインショッピングをする人は、そんな面倒なことをしていなかった**のです。

米国ニューヨーク州にあるコロンビア大学のエリック・ジョンソンは、1万世帯以上の家庭のパソコンのショッピング記録を12カ月分も調べるという、きわめて大がかりな研究をしてみました。

あまりにもデータが膨大になり過ぎるため、ジョンソンは、「本」「ＣＤ」「旅行サービス」の３つのカテゴリーに絞って分析してみたのですが、驚くようなことがわかりました。

たいていの人は、複数のサイトで検索などしていなかったのです。本では平均１・２のサイト、ＣＤでは１・３、旅行サービスでは１・８の検索で済ませている人が大半でした。本の場合、Amazon で調べてそのまま買ってしまう人が大多数で、Barns & Noble や Books.com など、ほかのサイトも調べる人はあまりいませんでした。ＣＤも旅行サービスも同様です。

結局、**私たちは「賢い消費者」ではなく、「面倒くさがり屋の消費者」**なのです。

ほかのサイトを調べたほうが、ひょっとするとおトクなことがあるかもしれないのですが、わざわざそういう手間をかけて検索するより、すでに買い物をしたことがある、慣れたサイトで済ませようとしてしまうものなのです。

これは、オンラインではなく現実の買い物でもそうですよね。たいていの人は、よく行くコンビニやスーパーで買い物を済ませてしまうのではないでしょうか。洋服を買うときも、靴を買うときも、家電品を買うときも同じです。わざわざ行ったことがないお店に出かけて商品の比較をする、ということはあまりしないのが普通なのです。

第2章

「え？ 本当に？」意外な心理学研究

モーツァルトを聞かせれば頭が良くなるのか

子どもにモーツァルトを聞かせると、頭が良くなってしまうという心理学の実験データが報告されたことがあります。

発表したのは、米国カリフォルニア州立大学のフランセス・ローシャー。ローシャーは、モーツァルトのソナタを大学生に10分間聞かせたら、IQテストの成績が伸びたという報告をしたのです。これは**〝モーツァルト効果〟**と名づけられました。

あまりに信じられない結果に、すぐさまほかの研究者たちが追試を始めました。すると、別にモーツァルトでなくとも、ほかの曲を聴かせても同じようにIQが伸びたという報告や、モーツァルト効果はたしかに認められるものの、それはモーツァルトが好きな人に限られる、といったことがわかってきました。**モーツァルトを聞かせても、少しもIQなんて伸びなかった**、という報告もたくさんありました。

では結局のところ、モーツァルト効果は本当にあるのでしょうか、ないのでしょうか。

米国ハーバード大学のクリストファー・チャブリスは、モーツァルト効果について発表された論文を根気よくすべて収集し、それらを統合的に分析してみました。
するとと、どうなったのでしょうか。

チャブリスの見解は、「ほぼ効果なし」でした。ほんのわずか、ＩＱの得点で言うと１・４ポイントの増加が見られたそうですが、「ほとんど効果なんてない」というのが、チャブリスの結論でした。

モーツァルト効果に対してきわめて穏当な結論をすれば、「ほとんど効果なんてない」ということになります。

市販の幼児教育用教材には、「モーツァルトを聞かせると、頭が良くなることが実験的に確認されているのです！」などと謳《うた》ったものもありますが、それは間違いとまでは言えなくとも、明らかに「言い過ぎ」です。子どもにたくさんモーツァルトのＣＤを聴かせても、多分そんなに学校の成績は伸びません。もし伸びたのだとしたら、それは子どもが頑張って勉強したからであって、親が与えたモーツァルトのＣＤのせいなどではないと断言できます。

子どもが良い成績を取ってきたら、「お前が頑張ったからだよ、すごいぞ！」と努力をホメてあげましょう。「お前が小さいころに、モーツァルトをたくさん聴かせたからだな」ということは、絶対にないのです。

簡単なことを失敗するのは難しい

私たちは、ものすごくやさしい問題に関しては、わざと間違えようとしてもなかなかうまくできません。たとえば、「適当に、間違えた答えを言ってください。2＋2は?」と質問されても、「4」と言いたくてたまらなくなってしまうのです。

米国ハーバード大学のダニエル・ウェグナーは、これを〝統制不能の知能〟と呼んでいます。**私たちの知能はかなり自動化されているので、意識して間違えるのはけっこう難しい**ことなのですね。

ウェグナーはこんな実験をしています。男性17名、女性47名の大学生に、4秒おきに質問文を読み上げ、「はい」か「いいえ」でスピーディに答えさせました。ただし、ひとつ条件をつけました。「なるべくランダムな答えの配列になるように、『はい』『いいえ』をいい加減に答えてください」とお願いしておいたのです。参加者は、ただ適当に答えを言えばいいのですが、「はい」あるいは「いいえ」という答えが、あまり連続しないようにしなければなりませんでした。

質問文は28個用意されていて、そのうち20個はやさしい質問でした（「レモンは甘いですか?」など）。残りの8個は、難しい質問でした（「イタリアのトランプには、ジャックが含まれていますか?」など）。

この実験の結果、**やさしい問題のときに実際に正しい答えを言ってしまう割合は、82%**でした。**難しい問題のときには、正答率が54%**でした。いい加減な答えを言うのがいかに難しいのかがわかります。

私たちは、自分が簡単にできることは、わざと失敗するのが難しいのです。

たとえば自転車に乗れる人は、「わざと乗れないフリをしてほしい」と言われてもなかなかできないでしょうし、ピアノを上手に演奏できる人は、「下手くそな弾き方をしてください」とお願いされても、やはりうまくできないでしょう。かつてはうまくできなかったことでも、いったんできるようになると、今度はわざと失敗するほうが難しくなってしまう、という皮肉な現象が起きるのです。

目上の相手に敬意を払うための対人距離

私たちは、心理的に親しい人にはたやすく近づいていくことができます。ところが、相手が目上の人であったり、地位が高い人であったりすると、心理的に威圧されてしまって、できるだけ離れようとする傾向があります。

人と人との間にある物理的な距離のことを、心理学では**〝対人距離〟**と呼んでいますが、**地位が高い人との対人距離は長くなりやすい**、と言えるのです。

米国ミズーリ大学のラリー・ディーンは、カリフォルニアにある海軍施設で562名の兵士たちのおしゃべり行動を観察してみたことがあります。仕事絡みのおしゃべりではなく、他愛ないおしゃべりを調べるため、ロビー、カフェテリア、レクリエーション・センターの3つで観察を行いました。

ディーンは、一人で立っている人に、誰かが近づいていき、声をかけた瞬間を見計らって、お互いがどれくらいの距離を取っているのかを測定させてもらいました。距離はメジャーを使って正確に測るのではなく、フロアのタイルの枚数で測定しました。タイルは1枚22・8㎝の

■図6 ラリー・ディーンの調査結果

話しかけたほうの階級	話しかけられたほうの階級		
	上	同じ	下
Captain（司令官）	ー	4.00枚	3.43枚
Commander（指揮官）	3.50枚	3.17枚	3.03枚
Lieutenant commander（少佐）	3.60枚	3.00枚	3.54枚
Lieutenant（大尉）	4.71枚	2.81枚	3.51枚
Lieutenant junior grade（中尉）	4.50枚	3.40枚	3.12枚
Ensign（少尉）	4.01枚	3.00枚	3.35枚

※数値は2人の間のタイルの枚数を示す

正方形です。

さらにディーンは、話しかけたほうの階級（地位）と、話しかけられたほうの階級も教えてもらいました。すると、声をかけたときのお互いの距離は、図6のようになりました。

結果を見ると、**地位が高い人が低い人のほうに近づくときには、かなり距離が短くなりました**。地位が高い人は、遠慮なく、相手のすぐ近くまで踏み込んでいくことができたのです。

ところが、逆の場合はそういうわけにはいきません。**地位が低い人が高い人に近づいていくときには、かなりの距離を取ってから声をかけていました**。同じ階級の人や、自分より地位が低い人に声をかけるときに比べて、タイル1枚分、つまり20cmから30cmほど遠く離れていたのです。

私たちは、相手と距離を取ることによって、相手に対する敬意を示そうとします。距離を取れば取るほど、敬意の大きさを伝えることができます。

もし自分よりも地位が上の人に話しかけるときには、少しだけ距離を遠く取ったほうが、相手に敬意を払っていることをアピールできます。**あまり近づき過ぎるのは失礼になる**ことも覚えておきましょう。

男性が見られるところ、女性が見られるところ

「しっかりと靴を磨いておきなさい。そういうところも相手にはしっかり見られています」などと書かれているビジネス本があります。

しかし、これは半分ウソです。なぜ半分かというと、男性には当てはまらないからです。**男性の場合、相手によく見られるのは「顔」**です。ほとんど顔しか見られません。下半身、とりわけ靴などを見られることは滅多にないのですから、少しくらい靴に泥がついていようが、相手に気づかれることもありません。

女性の場合には、相手に見られる範囲は「身体全体」になります。したがって、女性の場合には靴にまで気を配ったほうがいい、ということが言えます。

米国カリフォルニア州立大学のデイン・アーチャーは、『タイム誌』『ニューズウィーク誌』『Ms. 誌』『サンフランシスコ・クロニクル誌』『サンタクルス・センチネル誌』の５つの雑誌に出てくる男性と女性の写真を分析してみました。

ただし、写真は一人だけで映っているものに限り、さらに身体の一部を強調する目的の写真

は除きました。化粧品、洋服、スポーツ関連商品などの広告は除外したのです。また、人と一緒に動物（ゾウなど）や自動車などが映っているものも最初から除外しました。

こういう基準で写真を集めたところ、１７５０枚の写真が集まったのですが、**男性がモデルの写真では65％が顔を大写しにしたものでした。女性の場合は45％が顔でしたが、身体が映っているもののほうが多いことがわかりました**。男性を見る人は顔に注目するから、男性のモデルの写真でも顔が中心になるわけですね。女性の場合には身体も見る人が多いので、女性モデルの身体も写されているのでしょう。

ディーンはさらに、15世紀以降の絵画でも同じ調査をしてみたのですが、やはり男性は顔が中心に描かれていて、女性は身体を含めて描かれている、という違いがありました。

男性は、とにかく顔がよく見られるのですから、人に会うときには女性以上にしっかりと自分の顔を鏡で確認しておくことが大切です。目ヤニがついていたり、鼻毛が出ていたり、髪の毛にフケがあったりすると、いっぺんに悪い印象を与えてしまいかねません。逆に言うと、男性はとりあえず顔だけしっかり確認しておけば、それ以外のところでは少しくらい手を抜いてもいいということです。

女性はそういうわけにはいきません。女性は、身体全体を相手に見られるのですから、どこも手を抜くわけにはいかないということを肝に銘じておきましょう。

たくさんのことを記憶するコツ

「私は生まれつき、物覚えが悪いので頭に入ってこないんですよ」

「覚えたことも、すぐに忘れちゃうんですよ」

そんな風に、自分の記憶力のなさを嘆く人がいるかもしれません。

しかし、それは頭が悪いからではなくて、覚えるやり方を間違えているだけ。単に人の話を聞いただけでは、覚えられるものも覚えられません。

記憶のコツは、「映像（イメージ）」をうまく使うこと。「百聞《ひゃくぶん》は一見に如《し》かず」ということわざもありますが、同じ話を100回聞かされるよりも、自分の目で1回見てしまったほうが物事はよく理解できる、ということがあります。記憶もそうで、映像で覚えようとすればいくらでも記憶できるのです。


カナダにあるビショップス大学のリオネル・スタンディングという心理学者は、1万枚もの日常場面の写真を用意しました。それを被験者に1枚につき5秒ずつ見せていき、どれくらい記憶できるのかを調べてみたのです。

さすがに1万枚もの写真を記憶するのは難しいのでは、と思いますよね。ところがそんなことはありませんでした。**1万枚くらいの写真なら、人間はやすやすと記憶できた**のです。しかもスタンディングが実験の結果から推定したところ、仮に１００万枚の写真で実験しても、73万１４００枚は思い出せるだろうとのことでした。

スタンディングは、写真ではなく単語を5秒ずつ見せて記憶させる実験もしてみたのですが、こちらは１０００を超えるとがくんと成績が落ちてしまって、全体の62％しか思い出すことができませんでした。

人の話を何度聞いても覚えられない人は、聴覚ではなく、視覚をもっと使いましょう。

たとえば、上司に機械の操作を何度教えてもらっても記憶できないときには、スマホを使って、まずは上司が操作しているところを動画で撮らせてもらうのです。それを見ながら自分でも同じようにすれば、操作をすぐに覚えられるでしょう。「まずはこれをして、次にこれをして、それからこのボタンを押して……」と何度口頭で説明されてもよくわかりませんが、映像でなら、スムーズに理解できるものです。

また、文字が羅列してあるだけの本を読んでも一向に頭に入ってこないというのであれば、「マンガでわかる○○」とか「図解でわかる○○」のような、映像イメージを利用した本で勉強すると、理解も記憶も促進されるかもしれません。

サービス業で働く人のストレス原因

サービス業で働くアメリカ人は、いつもクタクタに疲れるそうです。

なぜクタクタになるのかというと、「笑顔で接客しなければダメ」というルールがアメリカにはあるためです。

日本でも同じルールがあるように思います。やはりサービス業で働く日本人も、アメリカ人と同じように毎日クタクタになっていることと思います。

ところが、なぜかフランス人はサービス業で働いていてもあまりストレスを感じません。同じような仕事をしているのに、なぜフランス人は、そんなにストレスを感じないのでしょうか。

米国ペンシルバニア州立大学のアリシア・グランディは、この点に興味を持って、アメリカ人116名、フランス人99名の、秘書やウェイトレスなど、サービス業で働く人たちを比較する研究をしてみました。

その結果、**「笑顔のサービスが、ストレスを生む」ということがわかりました**。「笑顔、笑顔、笑顔」と笑顔を求められていると、私たちは疲れ切ってしまうのです。

アメリカや日本とは違い、フランスのサービス業には、「絶対に仕事中は笑顔を見せなければダメ」というルールがありません。フランスでは、笑顔を見せるかどうかは個人の裁量に任されているところが大きいので、「自分は笑顔を見せない」というのなら、それはそれでかまわないのです。さすがに個人主義の国だけあります。

そのため、フランス人はサービス業で働いていても、そんなにストレスを感じないのです。面白くも何ともないのに、とにかくニコニコしていなければいけない、ということもないのですから。

日本人がフランス旅行に行ったりすると、「なんだか店員に愛想がないなあ」と不満に感じるかもしれません。「笑顔のサービスが当たり前」というのに慣れた日本人にとっては、笑顔を見せてくれない店員には違和感を覚えます。そこで、フランス人は仕事中も笑顔を見せるかどうかは個人の裁量なのだということを知っていれば、愛想のない店員を見ても、「まあ、そんなもんか」と受け入れられるのですが、そういう事情を知らない人は、フランス人を嫌いになってしまうかもしれません。

文化によって、人に求められるルールは異なるのが当たり前です。**違う国の人が自分の国の人と違ったことをしていても、自分のルールで相手を判断しないようにしましょう。**

株価が上がるのはどんな日？

私たちの気分は、その日の天候によって大きく影響を受けます。たいていの人はそうだと思うのですが、晴れていれば気分も晴れ晴れとしてきますし、足取りも軽くなりますよね。逆に、雨が降っていたり、風が強かったりすると、何となく気分もムシャクシャしてきて、八つ当たりなどをしたくなります。

誰でも感覚的に、自分がその日の天候の影響を受けていることには気づいているかもしれませんが、米国オハイオ州立大学のデビッド・ハーシュレイファーは、さらにその推論を一歩進めてみました。

「晴れの日には、誰でも気分が浮かれる。こういうときには、人はついつい衝動的にモノを買ってしまうことも増えるだろう。だとしたら、晴れの日には全般的に株価も上がるのではないか？」

ハーシュレイファーは、この仮説を検証するため、26カ国のお天気のデータと、それぞれの国の株価データを調べてみました。期間は１９８２年から１９９７年までの15年間です。

すると、まさに仮説通りの結果が得られました。**どの国でも、天気が良い日にはその日の終わりの株価が上がっていた**のです。晴れていると人は浮かれやすくなるということが、これで明らかにされたと言えます。

ところで、晴れの日以外の天気についてはどうだったのでしょうか。大雨とか、大雪のときには、逆に株価は下がったりするのでしょうか。

ハーシュレイファーによると、そういうことはありませんでした。**雨と雪は、株価の上下に対して無関係だった**のです。唯一、晴れの日だけが明確に株価に影響を与えていたのでした。

私は心理学者であって経済学者でも何でもありませんから、経済指標などによって株の予想をすることはできません。ただし、晴れの日は株価が上がるということはわかっていますから、株を売るなら晴れの日にすると思います。そのほうが高く売れるでしょうから。

たいていの人は、テレビのお天気ニュースなどを見て、コートを着ていくかどうかや、傘を持っていくかどうかなどを判断しているだけだと思います（それでも別にいいのですが）。お天気ニュースで明日の株価や週末の株価まで、ある程度は予想もできてしまうということも知っておくと、意外に面白いものです。

兄弟の中でいちばん人気がないのは

兄弟姉妹がたくさんいると、どうしてもケンカが起きます。

ある程度の年齢になってくると、そんなにケンカもしなくなるのですが、お互い小さなころには、ケンカが絶えません。おもちゃやお菓子を取り合ったり、テレビの番組を争ったりと、とにかくケンカばかりするのです。

ただし、兄弟げんかをするのも一概に悪いとは言えません。なぜかというと、仲直りの方法も学ぶことができるからです。どうすれば険悪な空気をなくせるのか、どうすれば許してもらえるのか。そういうことは実際のケンカの後でしか学べません。**兄弟げんかをくり返すことで、人付き合いにおいてきわめて重要な、「仲直りの練習」ができる**のです。

米国テネシー州にあるメンフィス大学のキャサリン・キッツマンは、小学生の男女を対象にして、クラスで好きな人の名前を3人、また、嫌いな人の名前も3人挙げてもらいました。

それをもとに人気度の標準得点（マイナス1点からプラス1点まで）を出す一方で、一人っ子、二人兄弟のお兄ちゃん（お姉ちゃん）、二人兄弟の弟（妹）という3つのカテゴリーで平

図7　キャサリン・キッツマンの実験結果

	一人っ子	兄（姉）	弟（妹）
人気度	－0.33点	0.14点	0.45点
友人の数	4.60人	5.32人	5.43人

※人気度の数値は－1点から＋1点の得点。＋1点に近いほど「クラスメイトからの人気が高い」ことを示す

均点数を出してみたのです。

するとつのカテゴリーの中で**いちばん人気がないのは一人っ子**でした（図7）。兄弟がいないとケンカをすることもできませんし、仲直りの練習もできません。そのため、人付き合いもあまりうまくできなくなるのでしょう。

キッツマンは、「あなたには何人くらいの仲良しの友達がいますか？」という質問もしているのですが、やはり一人っ子ほど、友達が少ないということもわかりました。

これらの結果からすれば、**いちばん人気があるのは兄弟の中で遅く生まれた人**ということになります。弟や妹は腕力では兄や姉に勝てませんから、うまく懐に入らなければならないことも多いと思います。そういうことを通じて、人付き合いの技術を磨くことができるのでしょう。

落選する候補者が口にしていること

「この国の経済は、どんどん悪くなっている」
「このままでは、この国は滅んでしまう」
選挙演説で、そんなことを口にして叫んでいる政治家がいるとしましょう。心理学者なら、その人の演説を聞いて、「ああ、この人は落選するな」ということがわかります。かなりの高確率で、**「悲観的なこと」を口にしているほうが落選する**ことが、明らかにされているのです。

米国ペンシルバニア州立大学のハロルド・ズローは、1948年から1984年までの共和党、民主党の指名受諾演説を分析してみました。

どういうことを調べてみたのかというと、それぞれの候補者が、どれくらいアメリカの状況について悲観的なことを口にするか、でした。

その結果、**悲観的な候補者のほうが、10回中9回も負けていることがわかった**のです。ほぼ確実に負けていたのですから、すごい確率です。「このままじゃダメだ!」「もう手の施しようがない状況だ!」などと口にすればするほど、その候補者は負けていたのです。

ズローはさらに分析の範囲を広げて１９００年から１９４４年の選挙についても調べてみたのですが、12回の選挙で９回は負けるという結果になっていました。

ビジネスのリーダーもおそらくは同じでしょう。

経営者が悲観的なことばかりを口にする会社は、どんどん業績が悪くなっていくはずです。口を開くたびに悲観的なことばかり聞かされたのでは、社員のやる気も高まるわけがありません。どんどん気分が滅入っていくだけです。その点、底抜けに楽観的で、「俺たちは世界を取るぞ！」と何の根拠もないのに大風呂敷を広げるような経営者のほうが、社員だって頼もしいと感じるでしょうし、「この人について行こう」という気持ちになるはずです。

政治家でも、経営者でも、**頼りがいがある人は、あまり悲観的なことを口にしません**。楽観的なこと、建設的なことを言ってくれるからこそ、それを聞く人も安心感を得るのではないでしょうか。

日本の野党は、いつでも悲観的なことや、与党への文句ばかり言っているように私には見えます。私たちは将来に対して希望を持ちたいのであって、そういう希望を抱かせてくれるような候補者に票を投じたいと思っているのです。野党がやっていることは、どうも逆のように思えるので、これでは政権交代はしばらくないかもしれません。

有権者はどこを見ているのか

前項で悲観的なことを口にする候補者は落選しやすいという話をしました。では、私たちはどんな候補者を選んでいるのでしょうか。

有権者が候補者を選ぶときには、どんな政策を掲げて立候補しているのかをきちんと調べて、自分がいちばん望ましいと思う政策を訴える候補者を選ぶべきです。けれども、それはタテマエというものであって、**現実には、どの候補者がどんな政策を掲げているのかなど、ほとんど気にしていない有権者のほうが多い**、という現実があるようです。

米国ミシガン大学のジョン・キングドンは、上院議員、下院議員、州議員などの選挙で当選した人と、落選した人の66名にインタビューをしました。

キングドンは、全員に同じ質問をぶつけてみました。その質問とは、「どの党から出馬するか、どんな政策を訴えるか、候補者の人柄、の3つのうち、選挙で勝つためにいちばん大切だと思うのは、どれ？」というものでした。

その結果、実際の選挙で**当選した人のうち62％が、「候補者の人柄」がいちばん大切だと思

う と答えました。ところが**落選した人はというと、35％だけしか候補者の人柄をいちばん大切なことに挙げていなかった**のです。

当選したのは、候補者自身が魅力的であることが、選挙ではいちばん重要である、という現実をしっかり認識している人たち。だからこそ、選挙戦では、なるべく好ましい人柄をアピールするように努めたのでしょう。

選挙で勝つためには、政策をアピールすることより、たくさんの有権者と握手をしたり、小さな赤ちゃんを抱き上げたりすることのほうが重要なのです。その点、落選してしまう人は候補者の人柄が重要だという最も大切な現実についての認識が甘く、「どんな政策をアピールするかが重要」などと勘違いしてしまうのかもしれません。

どんな政策を実行してくれるのかを知らなければ、有権者は候補者を選びようがないと思われるかもしれませんが、そんなことはありません。どんな政策を掲げているのかは知らないけれど、「何となく誠実そう」というイメージだけで、有権者は投票できてしまうのです。

もちろん、私は有権者が愚かであるとか、そういうことを言っているのではありません。もともと人間にはそういう傾向があるということを指摘しているだけです。私たちは相手に抱くイメージだけで、誰をリーダーに選ぶのかの判断もできてしまうのです。

簡単に当選予想をできる方法

選挙で重要なのは、「候補者の人柄」だという話をしましたが、人柄というのは、なかなか相手に伝えるのが難しいような気がします。直接話を聞いたりすれば有権者にも伝わるかもしれませんが、わざわざ演説を見に行く人もそう多くはありません。そうした人たちはどのように候補者を選んでいるのでしょうか。

実は、**有権者は「顔の良さ」だけで候補者を選んでいる**ということを支持する研究もあったりします。

米国ニュージャージー州にあるプリンストン大学のアレキサンダー・トドロフが、一流科学雑誌の『サイエンス』誌に発表している論文によると、なんと驚くべきことに、候補者の顔だけで当選するかどうかの68・8％を予測できてしまう、というのです。ほぼ7割の正しさで予測できてしまうのですから、信じられないかもしれません。

トドロフは、2004年の上院選挙の候補者32名の顔写真を使って、顔の評価だけで当選の予測をできたというのです。ただし、顔といっても、イケメンであるとか美人であるということではありません。**「有能そうに見える顔」の候補者が当選していました**。トドロフは2000年、2002年の上院選挙の候補者についても調べてみましたが、やはり顔に注目すれば、すべてを合計して71・6％の正しさで当選予想ができたといいます。

「知的で仕事ができそう」という印象を与える顔立ちなのかどうかに注目すれば、その候補者が当選するかどうかもわかるのですね。「こいつはどこか間の抜けた顔だな」という人は、有権者にもあまり選ばれないようです。もちろん、立候補するくらいの人になればそんなにおバカさんにも見えないものですが、それでもどちらがより有能そうなのか、という点から当選の予想ができるのです。

選挙が近くなると、掲示板に候補者のポスターが並びます。「どの人が当選するのかな？」という予想をしてみるのも面白いかもしれません。それぞれの候補者がどんな政策を訴えているかなどは除外して、純粋に顔だけで予想してみてください。どの人が有能そうに見えるでしょうか。それだけを考慮して予想しても、7割くらいの確率で当たるでしょう。

選挙というのは、国民生活において非常に重要なイベントですから、そんな遊びをするのはけしからん、と思う人がいるかもしれませんが、まずはどんなことにでも（候補者の顔にでも）興味関心を持つのは、決して悪いことではないと思います。そこから実際の政治にも関心を持つようにすればいいのです。

ニュースキャスターが当選者を決める？

ニュースキャスターは、私情を差し挟まず、中立公平な立場で報道を行わなければなりません。選挙に関する報道であればなおさらです。とはいえ、ニュースキャスター自身にも、好きな候補者がいるでしょう。そのため、なかなか完全に中立な報道はできないことだってあるのではないでしょうか。公平に報道しているつもりでも、好きな候補者についての報道をするときには、自然に笑みがこぼれてしまったり、やさしい声で報道したりすることもあるでしょう。

すると、**ニュースを見た視聴者も、その候補者に好ましい印象を受ける**かもしれません。「自分の好きなキャスターが○○候補を応援しているみたいだから、自分もそうするか」と考える視聴者がいても、まったくおかしなことではありません。

米国ニューヨーク州にあるシラキュース大学のブライアン・ミューレンは、まさしくそのような傾向があることを突き止めています。

ミューレンは、1984年の大統領選挙直前の8日間に、3大ネットワーク（ABC、CBS、NBC）のニュースキャスターの報道を分析してみました。すると、ABCのキャスターであるピーター・ジェニングスだけは、候補者であるレーガンについて微笑みながら報道していることがわかりました。ＣＢＳとＮＢＣのキャスターは、どの候補者の報道をするときにも、感情を見せませんでした。

次に、選挙が終わってから、さまざまな地域の住民に「選挙期間中に最もよく見たニュースは、ＡＢＣ、ＣＢＳ、ＮＢＣのどれですか？」という質問と、「誰に投票しましたか？」という質問をしてみました。

オハイオ州クリーブランドの住民を対象に分析してみると、「ＡＢＣをよく見ていた」という人の75・0％はレーガンに投票していました。「ＣＢＳかＮＢＣをよく見ていた」という住民では、レーガンに投票したのは61・9％です。ミズーリ州ローラの住民では、ＡＢＣをよく見ていた人の１００％がレーガンに投票していました。ＣＢＳかＮＢＣをよく見ていた人では、85％です。**ＡＢＣをよく見ていた視聴者ほど、レーガンに投票していたことがわかった**のです。明らかにジェニングスの影響を受けていた、と言えるでしょう。

テレビの力は非常に強く、私たちは知らないうちに、その影響を受けてしまっているかもしれません。大好きなタレントやスポーツ選手が、「私は○○が好きなんですよ」と言っているのを見れば、自分だって好きになってしまうでしょう。選挙においてもキャスターの表情が結果に影響してしまうことは、ある程度は避けられないのかもしれません。

相手に「魅力的」だと思わせるためには

私たちは、同じ顔を何度も見ていると、その顔を好きになります。もともとの顔立ちがそんなに良くなくとも、何度も顔を合わせていると、「そんなにおかしな顔の人でもないな」と思うようになりますし、さらに顔を合わせる頻度が多くなれば、「よくよく見れば、けっこう味のある顔をしているな」と、相手を好きになることすらあるのです。

「同じ顔を見れば見るほど、その人に好意を抱くようになる」という心理法則は、**〝単純接触効果〟**と呼ばれています。特に相手に対して自己アピールをしたり、好かれる努力をするわけではないのに、（単純に）**相手と接触しているだけで、好意が高まってしまう**のです。

米国ペンシルベニア州にあるピッツバーグ大学のリチャード・モレランドは、４人の女性アシスタントを、「人格心理学」という授業のコースに出席させました。ただし、その女性たちは、ほかの生徒とは一切の接触を禁じられていました。「話しかけられても無視するように」と言われていたのです。

彼女たちは、いつでもいちばん前の席に座り、ほかの学生からその存在がよくわかるように

■図8　リチャード・モレランドの実験結果

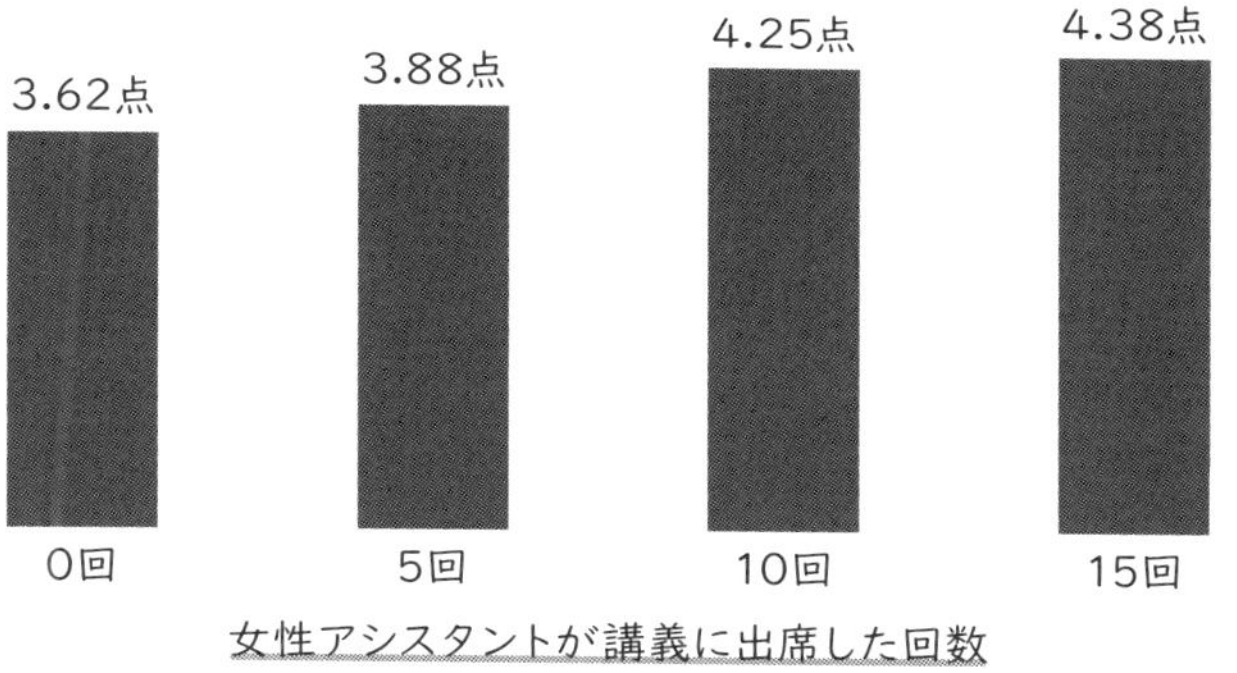

※数値は7点満点。7点に近いほど「魅力を感じさせた」ことを示す

なっていました。ただし、4人は出席する回数だけが違いました。ある人は0回、ある人は5回、ある人は10回、ある人は15回全部の講義に出席して、自分の顔をほかの学生に見せていたのです。

　コースが終了するとき、クラスの学生たちは、4人の女性アシスタントについての魅力を尋《たず》ねられました。その結果、出席する回数が多いほど、つまり、**顔を見られる頻度が多かった女性ほど、学生たちに「魅力的」だと好感を与えていることがわかった**のです（図8）。

　何回顔を見せるかによって、相手に感じさせる魅力に差が出るかどうかを調べる実験でしたから、4人のアシスタントには、もともと外見的な魅力に差がない人たちを選びました。にもかかわらず、頻繁《ひんぱん》に顔を見せる人ほど、魅力を感じさせることが明らかにされました。

営業の世界では、マメに顔を出す営業マンほど、たくさんのお客をつかまえることができるといわれています。お客からすれば、何度も自分に会いに来てくれる営業マンほど、あまり顔を出さない営業マンに比べて、好ましいと感じるに決まっていますが、それは心理学的には、単純接触効果のためだと言えるのですね。

好きな人と結婚するために

同じ顔を何度も見れば好きになるのであれば、単純に会う回数を増やせば恋愛関係になれるのだろうかと思うでしょう。実はそれを裏づける研究もあります。

「近くに住んでいる者同士が結婚しやすい」と聞いたら、読者のみなさんは驚くかもしれませんね。しかし、これはれっきとした事実で、心理学では発見者の名前を取って**〝ボッサードの法則〟**と呼ばれています。**近くに住んでいればいるほど、結婚する可能性は高まっていく**のに対して、遠く離れた者同士では、可能性はどんどん小さくなっていきます。

米国ペンシルバニア州立大学のジェームズ・ボッサードは、フィラデルフィアの住民について、結婚証明書の登録申請を行った５０００組のカップルについての調査をしてみたことがあります。調べたのは、結婚する前に２人の住所がどれくらい離れていたのか。

その結果、**結婚したカップルの全体の３分の１は、結婚前には「5ブロック以内」に住んでいることがわかった**のです（図９）。

■図9　ジェームズ・ボッサードの調査結果

結婚前に住んでいた住所	結婚した人の累積率
1ブロック以内	17.18%
2ブロック以内	23.26%
3ブロック以内	27.46%
4ブロック以内	30.56%
5ブロック以内	33.58%

その理由は単純。近くに住んでいればいるほど、「顔を合わせる頻度」も高くなるからです。挨拶をしたり、他愛もない世間話をしたりしているうちに、いつしか恋心が芽生えるのです。

逆に遠く離れた者同士では、まずそもそもお互いに顔を合わせる機会がありません。ですから、恋愛がスタートすることもないのです。

「顔を合わせる頻度」が増えれば、当然、恋愛に発展するケースも増えるでしょうし、結婚に結びつくケースも増えます。したがって、ご近所さん同士が結婚しやすいというボッサードの法則は、当たり前といえば当たり前のことなのです。

かつての日本では、隣近所に住む幼馴染同士で結婚するのが当たり前でした。田舎では、いまだにそうです。

そういえば、オフィスで行われた調査でも、同じフロアの、同じ部署の、机が近いもの同士のほうが結婚しやすいというデータもあります。

これは、米国ニューヨーク州立大学のロバート・クインが明らかにしました。クインがオフィスでのロマンスを分析したところ、「近接性（近くで仕事をしているかどうか）」が重要で、お互いに声を交わす頻度が多くなるほど、恋愛に発展しやすかったというのです。

好きな人とうまくいきたいのなら、相手の住んでいる隣近所に引っ越しをするのもいいかもしれませんね。とにかく顔を合わせたり、話したりする機会がなければ、恋愛もスタートしませんから。

お金持ちの夫婦が幸せとは限らない

結婚生活を送っていたら、夫も妻も、相手に不満を感じることはいくらでもあります。

けれども、結婚に不満な夫婦のすべてが離婚してしまうのかというと、そんなこともありません。世の中には、不満を抱えつつも、それでいてけっこう安定的に結婚生活を続けている夫婦がいくらでも存在するのです。

米国ユタ州にあるブリガムヤング大学のティム・ヒートンが、９６４３世帯の国勢調査を行ったところ、「不満」ではあるものの、「離婚や別居するつもりはない」という夫婦は、なんと65・8％もいました。お互いに不満を抱えているというのは、結婚生活を脅かす原因になるはずなのに、それでも「離婚なんてしない」という夫婦は、けっこういるのですね。

ヒートンは、安定しているのはどんな夫婦なのかも調べていますが、「お金持ちではない夫婦のほうが、実は安定している」ということも明らかにしました。お金持ち夫婦のほうが安定している、のではありませんよ。**お金持ち「ではない」夫婦のほうが、安定している**のです。

いったい、これはどういうことなのでしょうか。

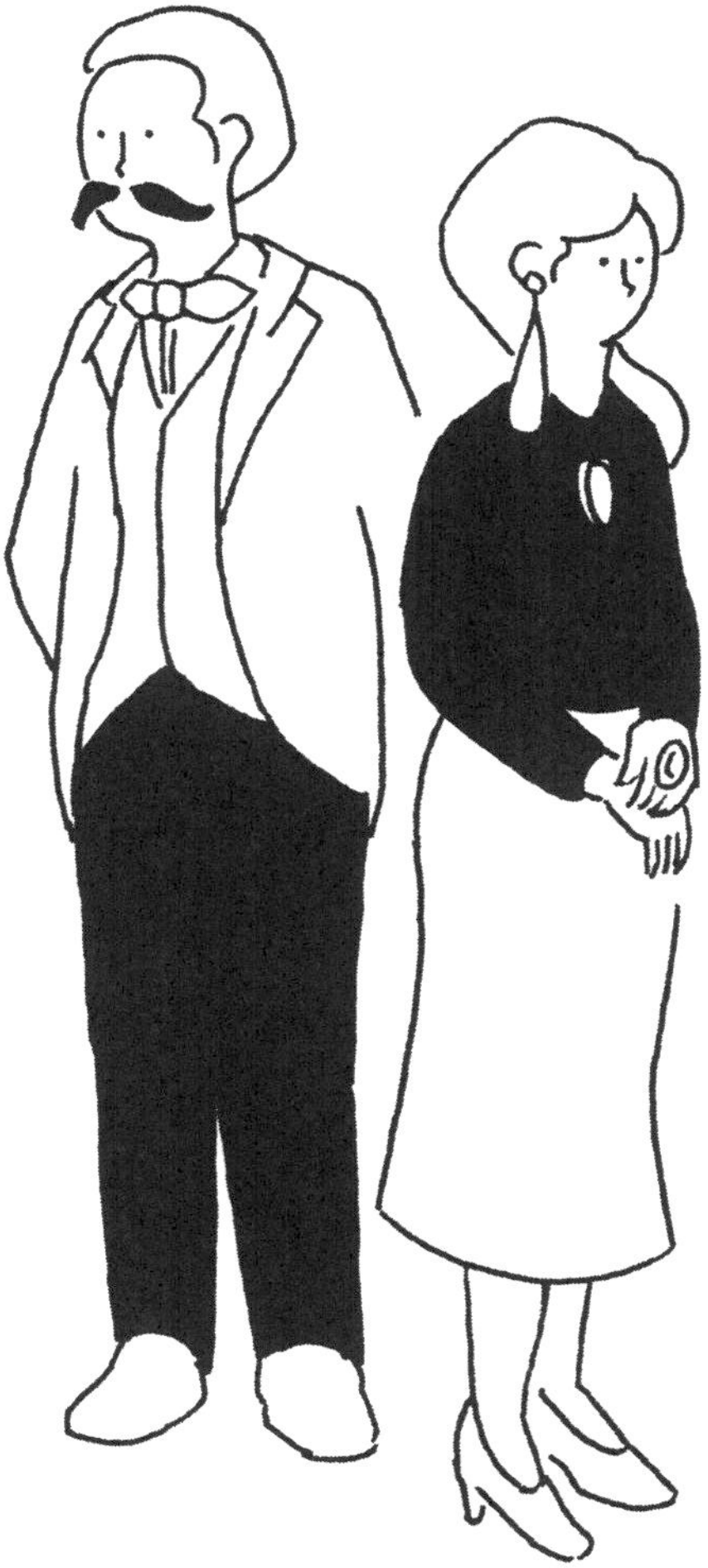

ヒートンによると、社会的経済的地位が高い人たち（つまりは富裕層のお金持ち）ほど、夫婦関係が安定していない、と述べています。その理由はこうです。

まず、お金持ち夫婦ほど、あまり子どもを作りません。「子は鎹《かすがい》」という言葉がありますが、子どもがいない、または少ない夫婦は、離婚しやすい傾向があります。また、「ほかの相手を見つけやすい」ということもあります。お金を持っていれば、それだけ言い寄ってくる異性も多くなりますから、結果として、浮気や不倫をしてしまう危険性が高まります。そして、浮気や不倫をしていれば、当然、離婚もしやすくなります。

お金持ちでない夫婦はどうかというと、まず子どもがたくさんいます。子どもたちのことを考えたら、そんなにすぐに離婚の決断もできません。また、遊ぶお金もそんなにありません。遊ぶお金がないということは、異性と出会うチャンスもそんなにないということです。だから夫や妻のほかに、いい人を作ることもできません。これらの理由により、お金持ちの夫婦でないことが、夫婦の安定に役立つのです。

お金持ちであることは、誰にとっても羨ましい話だと思われるかもしれませんが、そんなに良い話ばかりでもない、ということも知っておくと、お金持ちでもない人にとってはちょっぴり溜飲《りゅういん》が下がるかもしれませんね。

本当に「結婚は人生の墓場」なのか

もうひとつ、結婚生活に関する面白い調査をご紹介します。

「うちの奥さんは料理がヘタだし、掃除はしないし、毎日イライラさせられるよ」

「うちの旦那は、いつでもガミガミ文句ばかり言うんで、ストレスが溜まりまくりよ」

結婚している人は、そんな風に相手のことをお互いに悪く言っているものです。妻や夫のことを良く言う人はそんなに多くありません。「結婚は人生の墓場」などというネガティブな言葉もありますが、結婚をすると、本当にお互いに気に入らないことばかりで、ストレスが溜まりまくるのでしょうか。そして結果として、早死にしちゃったりするのでしょうか。

きちんとした統計によると、現実はむしろ逆になるようです。つまりは、**結婚している人のほうが、長生きできる**みたいなのです。

米国コネチカット州にあるイェール大学のリサ・バークマンは、カリフォルニア州アラメダ郡の成人６９２８名を対象にして、９年間に渡って死亡率を調べてみました。

すると、年齢・性別問わず、**独身者よりも既婚者のほうが死亡率が低いことがわかりました**。

■図10 リサ・バークマンの調査結果

		30〜49歳	50〜59歳	60〜69歳
男性	結婚している人	3.0%	12.1%	26.9%
	結婚していない人	8.6%	25.5%	33.7%
女性	結婚している人	3.0%	7.1%	14.4%
	結婚していない人	3.8%	9.6%	20.7%

※数値は死亡率を示す

特に男性では独身者に比べて、結婚している人の死亡率が顕著に低くなっています（図10）。

結婚すれば気に入らないことがいくらでも出てきますし、相手に対する気遣いも必要です。独身のほうが気楽に思えるかもしれません。

しかし、やはり相手がサポートしてくれるという安心感を持つことができます。それに、独身者には味わえない楽しいこともいっぱい経験できるのです。決して悪いことばかりではなく、良いことのほうが上回っていると言えます。

本当に結婚が精神的に悪いものなら、現代まで残っていないはずです。害よりも利益のほうが多いからこそ、人類は結婚という制度を残してきたのです。結婚式のスピーチの「結婚は悲しみを半分に、喜びを2倍にしてくれる」というセリフは正しいのかもしれません。

右脳型か左脳型かがわかる読心術

いきなりですが、誰にでもできる簡単な読心術をひとつご紹介しましょう。

まずは両手の指を普段やっているように組み合わせてみてください。次に、どちらの親指が上にきているのかを確認してみましょう。右手の親指でしょうか。それとも左手の親指でしょうか。確認するのは、「左右どちらの親指が上なのか」だけ。簡単なテストですよね。

実は、この読心術は、米国コネチカット大学のシンシア・モールが明らかにした法則に基づいています。

モールは神経心理学のデータに基づいて、**右脳型なのか、それとも左脳型なのかによって、どちらの親指が上にくるのかが異なることを突き止めました**。

では気になる判定結果はというと、**右手の親指が上にきていた人は左脳型**。左脳型は頭脳派と言ってもよく、言語能力に優れていて分析的でもあります。物事を緻密に考えるのが好きなタイプです。そのぶん理屈っぽいところもあるのですけれども。学者やエンジニア向きの性格と言えるでしょうか。

左手の親指が上にきていたら右脳型。こちらのタイプは、創造性に優れています。芸術家などに多いタイプですね。物事を直感的に考えるのが好きで、あまり理詰めで考えることを好みません。作家や詩人、画家などに向いていると言えるでしょう。もともと直感的に判断するのが好きですから、細かい計算や分析が苦手です。

どうでしょう、みなさん、当たっているのではないでしょうか。ちなみにこのテストは「右利き」の人を対象にしているので、「左利き」の場合には、左右を逆にして判断してください。目の前の相手がテーブルの上で指を組んだときはチャンスです。相手がどんなタイプかが一瞬でわかります。

ビジネスの交渉の場合であれば、相手のタイプを「ははあ、分析的なタイプだな」とわかれば、数値や統計データなど、細かい点をしっかりとアピールすることで話に乗ってきてくれるでしょう。逆に相手が右脳型のタイプであれば、感情を揺さぶるようなアピールが有効です。数値などを説明してもあまり理解してもらえないでしょうから、感覚的な言葉を使って交渉するとうまくいきます。感覚的な言葉というのは、「手触りが良い」「抱き心地が良い」「気分が爽快になる」「満足できる」といったような言葉です。

相手に悟られず、こっそりとタイプ分けができますから、試してみてください。

確実に痩せられる簡単な方法

スレンダーな体型を手に入れたいという人に朗報です。これをやれば、ほぼ確実に「食べる量が減らせる」という、魔法のようなダイエット法があるんですよ。

その方法とは、ずばり、**いまよりも小さな茶碗、小さなスプーン、小さなコップに変える**という方法。食器を新しく買い換えるためにいくらかはお金がかかるかもしれませんが、それでスレンダーな身体が手に入るのだと思えば、安い買い物です。

米国ペンシルバニア大学のアンドリュー・ゲイアーは、粒チョコレートを入れたお皿を被験者の前に置き、「好きなだけどうぞ」と勧める実験をしました。このとき、お皿の横に置いておくスプーンの大きさを変えておきました。あるグループにはスープ用のスプーンを置き、別のグループにはその4倍の大きさのスプーンを用意しておいたのです。

するとどうでしょう、「好きなだけ食べてください」という指示は同じでしたが、**粒チョコレートを食べる量は、大きなスプーンを使ったときには2倍にもなった**のです。

このデータを見ると、減量したいのなら、使う食器やスプーンはできるだけ小さくすればよい、ということがわかります。小さな食器を使えば、知らないうちに食べる量も減るのです。

米疾病対策センター（ＣＤＣ）が、２０１５年から２０１６年に行った調査によると、アメリカ人10人中のほぼ４人が、「肥満」に分類されたとのことです。なぜアメリカ人に肥満が多いのかというと、ビッグサイズの商品が多いからかもしれません。たとえば、アメリカで販売されているヨーグルトは８オンス（約２２７ｇ）入りが基本ですが、フランスでは５オンス（約１４２ｇ）が普通です。それでもフランス人はヨーグルトを２つ食べたりはせず、ひとつで済ませます。だから、アメリカ人に比べて肥満が少ないのです。

ちなみに日本で売られているごく普通のヨーグルトは、だいたい80ｇから１２０ｇ。フランスのものよりさらに小さいのです。だから日本人にはスレンダーな人が多いのですね。

おいしい食べ物がたくさん目の前にあるのに我慢するのは、とても大変です。人間はそんなに自制心を働かせることができません。小さなもので食べるクセをつければ、我慢しなくても済むので、そんなに食べ過ぎることはありません。**どうしてもお菓子を食べたいのなら、できるだけ少なく小分けされているものを選びましょう**。相対的に食べる量を減らせます。

第3章

「人間」が見えてくる心理学研究

人が誰かに親切になるとき

電車に乗っているとき、ほかの誰かがお年寄りに席を譲っている場面を目撃したとします。あなたは「親切な人もいるものだなあ」と感心しました。さて、しばらくすると、座っている自分の目の前に、別のお年寄りがやってきました。

こんなとき、読者のみなさんはどうするでしょうか。おそらく席を譲るだろうと思います。先ほどの親切な人と同じことを、みなさんもするはずなのです。

私たちは、**誰かが親切にしているのを見たら、自分も同じことをする**のです。

米国イリノイ州にあるノース・ウェスタン大学のジェームズ・ブライアンは、女性のアシスタントをパンクした自動車の横に立たせ、援助を求めさせるという実験をしたことがあります。

１０００台の車が通り過ぎたところで実験は終了したのですが、停車して援助の手を貸そうと申し出てくれたのは、わずかに35台でした。

次にブライアンは、パンクして停車した自動車の４分の１マイル後方に、もう1台のパンクした自動車を置きました。そして前方の車では、男性アシスタントがジャッキで車を持ち上げてタイヤ交換をして別の女性のアシスタントを助けている、という場面を設定してみました。通り過ぎていく自動車は、まずほかの男性が親切に女性を助けている場面を目撃し、4分の1マイル進んだ所で、似たように困っている女性に出会うわけです。

なお、この実験が行われた道路は、交差点も曲がる道もなく、また中央分離帯があって逆走することもできませんでした。つまり、親切な男性を目撃した人は、そのまま直進して、自分も困っている女性に出会うことになるのです。

さて、この条件では1000台の車が通り過ぎるうち、どれくらいが助けてくれたのでしょうか。

結果は58台。最初の実験に比べ、**親切にしている場面を目撃すると、親切にする人がはっきりと増加した**と言えるでしょう。

私たちは、ほかの人が親切にしているのを目撃すると、無意識のうちに「自分も同じことをしてあげなきゃいけないな」と思うようになるのかもしれません。誰かが道に落ちた空き缶を拾ってゴミ箱に捨てているのを見たら、空き缶をその辺にポイ捨てするわけにはいかなくなります。自分もしっかりとゴミ箱に捨てるでしょうし、もしゴミ箱のそばにほかの空き缶が落ちていれば、ついでにそれも拾ってゴミ箱に捨てるでしょう。

親切なことを目撃すると、誰でも人は親切になるものなのです。

なぜ都会の人は冷たいのか

都会の人は、一般的に「冷たい」といわれています。その反対に、田舎の人は「温かい」といわれています。これはいったいどうしてなのでしょうか。

本当のところ、都会の人がみんな冷たいというわけではありません。冷たく振る舞ってしまう理由は、都会だと「人が多過ぎる」からなのです。決して、都会の人が冷血漢ばかり、というわけではありません。彼らだって、田舎の人と同じくらい温かな心は持っているのです。

ではなぜ、人が多過ぎると人は不親切になってしまうのでしょうか。

その理由は、**「わざわざ自分が助けなくとも、ほかの人が助けるに違いない」と考えてしまう**からなのです。都会であれば、自分以外にもたくさんの人がいるわけで、その中の誰かが助けるだろうから、自分が援助することもないだろうと思ってしまうのです。これを**〝責任の拡散現象〟**と言います。

田舎では、そもそも人があまりいませんから、困っている人を見かけたら自分が助けてあげないと、その人は助からないかもしれません。素知らぬフリをして通り過ぎてその人が死んでしまったりしたら、すべての責任が自分一人にかかってきます。「見殺しにする」というのは気分が悪いことですから、田舎の人は、偶然にその場に居合わせた責任を取って助けるのです。

米国カリフォルニア州立大学のポール・スコルニックは、ロサンゼルスの交通量が多い道路と、田舎道で車があまり通らない道路の両方で、男性、または女性アシスタントが路肩に車を止めて、援助を求めるという実験をしたことがあります。

その結果、交通量の多い所では、助けてもらうまでに23・49台が通り過ぎましたが、田舎道では助けてもらうまでに、２・56台しか通り過ぎませんでした。

この結果だけからすると、「やっぱり都会の人は冷たいんだなあ」と思うかもしれませんね。けれども、そうとは言えません。

スコルニックは時間帯を変えて実験をしていました。午後2時から4時までと、午後8時から10時までです。

すると、**午後8時から10時では、都会でも助けてくれる人が多くなることがわかった**のです。夜になると当然交通量が少なくなってくるわけで、そういう状況でなら、都会の人も困っている人を助けるのです。「自分が助けてあげないと困るだろう」という責任を感じるからです。夜が更けてきて、ほかに誰もいない状況、すなわち責任の拡散が生じないときなら、都会の人も助けるのです。

田舎から都会に出てきたばかりの人は、「都会の人は冷たい」というイメージを持っていて、

いろいろと心配をするかもしれませんが、そんなに心配しないでも大丈夫です。都会の人だって、田舎の人と同じくらい親切な心はちゃんと持っているのですから。

自分の行動を決める意外な基準

私たちは、やりたくもないことでも、何となくやらなければならないような気になることがあります。

職場の人たちが、みんな一生懸命にラジオ体操をしていたら、自分のホンネとしては「あまりやりたくないなあ」と思っても、なかなかサボれない気持ちになるでしょう。ちょっとだけ身体を動かして終わり、というのも難しいでしょう。みんなと同じように、汗をかくほどラジオ体操をしてしまうに違いありません。

私たちは、**自分がやりたいかどうかという基準で行動を決めているわけではありません。むしろ、「隣の人も同じことをやっているから」ということで、自分の行動を決めている**ことが多いのです。友達がエコバッグを使い始めたから、自分も。同僚がタバコを止めて電子タバコにしたから、自分も。そんなことで行動を決めているケースは、けっこう多いのではないでしょうか。

イギリスにあるオックスフォード大学のフィリップ・ラシュトンは、被験者に見知らぬ女性と10分間の会話をさせる、というインチキな実験をしたことがあります。女性はサクラです。実験が終了して2人で一緒に建物を出たところで、「献血」の看板が出ていて、スタッフが声をかけてくるのです。

ある条件では、スタッフはまず、サクラの女性に先に声をかけました。サクラは喜んで献血に応じることになっていました。次に、スタッフは本当の被験者にも同じお願いをしました。

すると、**目の前でサクラが献血に「いいですよ」と応じている姿を見せられたばかりの人の、27人中18人が献血に応じてくれた**のです。「彼女が応じたなら私も」という気持ちにさせられたのでしょう。

別の条件では、献血のスタッフは、サクラのほうにではなく、被験者に先に声をかけてお願いをしました。「献血をお願いできませんか？」と。

しかし、この条件では、8人中2人しか応じてくれませんでした。

私たちは、「ほかの人がやるなら、私も」という気持ちになることがこの実験から確認されました。この場合の「ほかの人」は、親しい友達でも何でもなく、ついいましがた実験で顔を合わせた程度の人でもいいようです。ともかく、誰かほかの人が同じことをやっていたら、私たちもその人と同じ行動を取ってしまいやすくなるのです。

ロシアのジョークにこんなものがあります。

行列が出来ているので自分も行列に並び始め、1時間くらい待ってから、前にいる人に「すみません、これはいったい何の行列なんでしょうか?」と尋ねた。

どんな行列に並んでいるのかもわからないのに、ともかくほかの人が並んでいるのなら自分も並ばなければならない、と感じてしまう心理を描写したジョークなのですが、私たちには誰にでもそういうところがあるのです。

もしも万引き犯を見つけたら

「悪いものは悪い！」

「ダメなものはダメ！」

誰でも自分は道徳心や正義心という気持ちを持っていると思っています。

では、実際に悪い行為をしている人を見かけたら、誰もがきちんとそれをやめさせたり、通報したりするものなのでしょうか。

結論から言えば、答えは「ノー」。たいていの人は、**悪い行為を見かけても、基本的には「見なかったことにする」のが普通**です。特に何かするわけでもありません。「まあ、いいか」と放っておくのです。

米国ユタ大学のドナ・ゲルファンドは、2つのドラッグストアの経営者にお願いして、ある実験をさせてもらったことがあります。21歳の女性アシスタントに、わざとほかのお客の目につくように万引きをさせたのです。

女性アシスタントは、まずお客に注目してもらうため、モノを落としたり、音が出るパッケージの商品を手に取ったり、わざとお客のすぐ目の前にある商品を手に取ったりしました。お客が女性のほうをちらりと見たことが確認されたら（これは監視カメラで確認しました）、無線機を使って、女性に万引きをするように指示が出されたのです。指示が出された女性は、いくつかの商品を盗んでハンドバッグに入れて、お店から出ていきました。

そうしてお店から出てきたお客に、「あなたは万引きを目撃しましたか?」と尋ねてみたのですが、ほとんどの人は「見ていない」と答えました。上手に万引きするのではなく、明らかなやり方で万引きをしたのですが、それでも見ていないと答える人はけっこういたのです。

通報したのは、男性で38%、女性は19%、男女の平均では28%です。男性は女性に比べるとまだしも正義心があると言えそうですが、それでも大半の人は通報しませんでした。

では、なぜ通報しなかったのでしょうか。その理由を尋ねると、「万引き犯が逃げてしまったから」「近くに店員がいなかったから」「お店が混んでいたから」といった理由が挙げられました。どれも、大した理由ではありません。

どうも私たちは、他人が悪いことをしていても、それを見逃すことのほうが多いようです。「あえて火中の栗を拾わず」ということなのでしょうか。それとも単純に、面倒くさいことはしたくないということなのでしょうか。ともあれ、私たちは自分が思っているほど、道徳心や正義心に溢れているわけではないようです。

「見て見ぬフリ」は悪いこと？

日本の法律では、たとえ犯罪を見て見ぬフリをしても、罰せられることはありません。目の前で小さな女の子がナイフで刺し殺されそうになっているのに、そのまま見て見ぬフリをして通り過ぎても、罪に問われることはありません。110番通報しなかったからといって、罰を受けてしまうわけではないのです。

さすがに、殺人のような重大犯罪についてなら、なかなか見て見ぬフリをするというのは難しいように思うのですが、より程度の軽い犯罪であれば、たいていの人は**「見て見ぬフリ」をしてやり過ごそうとするのが普通**です。

米国サウスイースト・ミズーリ州立大学のルイス・ヴエネジアノは、301名の大学生に対して、20の犯罪（スリ、レイプ、脱税、殺人など）のリストを見せて、見て見ぬフリをするのは悪いことかどうかを尋ねました。

殺人のようなケースでは、「見て見ぬフリをする人も悪い」という答えが返ってきましたが、**より程度の軽い犯罪については、「見て見ぬフリをするのは少しも悪くない」、という答えが多**

く見られました。たとえば、「売春」をしている女性がいるとしても、47・3％は見て見ぬフリをするのは悪くないと答えていますし、「スピード違反」をして走っている運転手がいても、65・8％は見て見ぬフリをするのは悪くないと答えていました。

小さなことなら、目くじらを立てて怒らなくてもよい、ということでしょうか。

考えてみると、たいていの人がちょっとした悪いことをやっていますよね。会社の備品をちょっと拝借してしまうくらいのことは、誰でもやっているのではないでしょうか。道路脇で立小便してしまうことも立派な犯罪ですが、それを厳しく取り締まるべきだとか、通報したほうがよい、という人はあまりいません。

結局、誰もが自分でもちょっとは悪いことをしているものですから、ほかの人が悪いことをしていても、「自分だってそんなに清廉《せいれん》潔白に生きているというわけでもないのだから、まあ、お互いさまだ」ということで、見て見ぬフリをしてしまうのかもしれません。

逆に、あまりに小さなことまで言い立てていると、周囲の人に嫌われてしまいます。「会社のコピー用紙を無断使用するのは立派な横領だぞ！」などと言い立てていたら、ものすごく煙たがられるでしょう。

どこまで見て見ぬフリをして、どれくらいを超えたら注意するのか。線引きは非常に難しいですが、私たちは無意識のうちにそうした判断をしながら自分の行動を決めているようです。

企業の不祥事が相次いで起きる理由

近年、企業の不祥事が相次いで起きています。ほんのいくつかを取り上げても、スバルの無資格検査員による検査、神戸製鋼所の検査データ改ざん、三菱自動車の燃費試験のデータ改ざん、東芝の企業水増し不正会計、油圧機器メーカーKYBの免震・制振検査データの改ざん、などといったニュースは記憶に新しいところです。

どうして企業の不祥事が起きるのでしょうか。社内で何か不正なことが行われていたら、「おい、そういうのやめろよ！」と勇気をもって止める人がいてもよさそうなものですが、どうなのでしょうか。

実は、万引き犯を見逃すのと同じように、私たちは社内の不正についても、「見て見ぬフリ」をするのが基本的な態度です。声を上げて、不正を糾弾《きゅうだん》する。そういうカッコ良いことは、誰もやりません。**「ああ、よくわからないけど、悪いことをやっているみたいだな」ということには薄々と気づいてはいるものの、だからといって不正を止めさせる行動を取るわけではない**のです。

これは日本人に限らず、アメリカ人もそうらしいです。アメリカ人といえば正義感が強そうですし、自己主張するのなんて朝飯前のようなイメージもありますが、彼らもそんなに身内の人間には注意できないようです。会社が不正行為、違法行為をしているとき、それを止めるように勇気をもって声を出せる人を、英語では「ホイッスル・ブロワー（ホイッスルを吹く人の意）」と言いますが、そういうホイッスル・ブロワーは、そんなに多くないのです。

米国ジョージタウン大学のマルシア・ミチェリは15の組織の１万３０００人に匿名で調査を行ってみたのですが、**「不正に気づいたら、きちんと注意する」という人は、ほとんどいませんでした**。

なぜ、注意しないのでしょうか。それは、どうせ自分一人くらいが注意したところで、会社全体は何も変わらないだろうと思うから、です。ミチェリの調査では、「あなたの注意には効果があったと思いますか？」という質問もありましたが、「効果があった」と答えたのはわずかに31％。せっかく注意してもどうせ効果がないと思えば、バカバカしくてわざわざ注意しようと思う人が少ないのも当然と言えます。

会社の不正行為を言い立てようとすれば、当然、周囲からは白い目で見られます。嫌がらせをされるかもしれません。そういう目に遭うくらいなら、黙って見て見ぬフリをしているほうがよい、と思うのが人情なのでしょう。

人間の絆を強める意外な要素

私たちは、何か不安なことがあると誰かと一緒にいたいと思います。**誰かがそばにいてくれると、それだけで不安が軽減される**ためです。

逆に、何の心配もなく、不安のない生活を送っていると、特に誰かと一緒にいたいとも思いませんし、一人のほうが気楽だ、という気持ちになります。

自然災害が起きたときや戦時中など、社会に不安が高まっているときには、人は誰かと一緒にいたいと思うようになり、人間の絆が強化される傾向があります。

米国ルイジアナ州立大学のトーニャ・ハンセルは、２００１年の9月11日に発生したテロ事件の後で、ニューヨークにある62郡すべての離婚統計を調べてみました。１９９１年から２００５年までの統計です。

その結果、テロが発生した翌年の２００２年は、**テロが起きる前に比べて25%も離婚が減っていました**。さらに２００３年から２００５年の3年間では、なんと37・5%も離婚が減っていたのです。

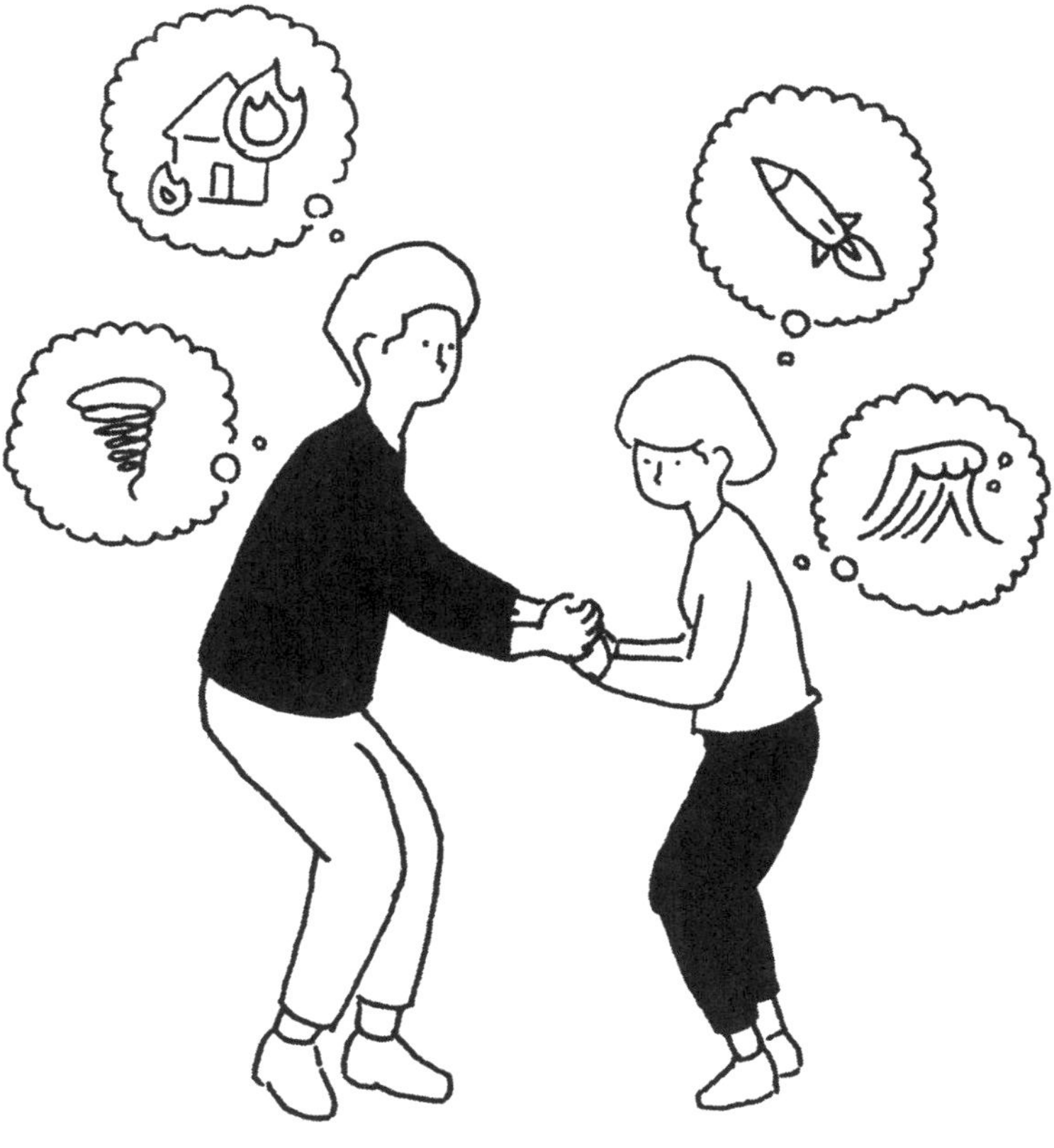

同じような研究を、米国オクラホマ大学のジョセフ・ロジャーズも行っています。ロジャーズは、1995年4月にオクラホマ・シティで発生したテロの後の、オクラホマにある77の郡すべての離婚統計を調べてみました。するとテロが発生する前の1985年から1994年までの離婚率に比べて、1996年から2000年までの離婚率が大いに減少していることを突き止めました。**特にテロ後最初の2年間は、離婚率が大幅に減っていました**。

テロリズムというのは、たしかに許されない犯罪ではあるものの、それによって夫婦の絆、家族の絆が見直されるという利益があるのは、皮肉なことです。テロや災害があればこそ、改めてパートナーがいてくれることのありがたさが身に染みて、離婚しなくなるのです。

社会が豊かになって、平和になればなるほど、人は他人の助けを必要としなくなります。そのため、「結婚などしないほうがいいや」という人も増えますし、結婚しても、イヤなことがあればすぐに離婚してしまったりするのです。

こう考えると、平和過ぎるというのも、人間にとっては良いことなのか、悪いことなのかわからなくなってきます。少しくらい緊張感があって、心配や不安を抱えているくらいのほうが、人は他人のありがたさを、身をもって感じることができるのかもしれませんね。

「自分だけは絶対に大丈夫」の心理

私たちは、ほかの人は不運な目に遭っても、自分にはそういうことは起きない、と何の根拠もないのに信じ込んでいます。**「ほかの人はどうなのかわからないけど、自分だけは絶対に大丈夫」と考えてしまう**のです。

米国ニュージャージー州にあるラトガース大学のネイル・ウェインステインは、私たちがどれだけ「非現実的な考え」をしているのかの調査を行っています。

ウェインステインは、258名の大学生に、「将来、あなたが大人になったとき飲酒上の問題を抱える可能性は、どれくらいあると思いますか？」と尋ねてみました。また、「ほかの学生がそういう問題を抱える可能性は、どれくらいあると思いますか？」とも尋ねてみました。

「自分に起きる可能性」から「他人に起きる可能性」を引き算してみると、マイナス58・3％という驚くべき結果になりました。「ほかの人は、アルコール中毒になったりするかもしれないけど、自分だけは、絶対、絶対、絶対に大丈夫！」ということなのでしょう。

同じように、「自分が将来、自殺未遂する可能性」と「他人が自殺未遂する可能性」を尋ねて引き算してみると、マイナス55・9％という結果になりました。やはり「自分は自殺未遂なんかしない」ということです。

さらにウェインスタインは、**「結婚後数年で離婚してしまう可能性」についてはマイナス48・7％、「40歳以下で心臓発作に見舞われる可能性」についてはマイナス38・4％、「性病にかかる可能性」についてはマイナス37・4％**になることも明らかにしています。

どうして私たちは、こういう非現実的な思い込みを持っているのでしょうか。ほかの人にも起こり得ることなら、自分自身にだって起こり得る。本来ならそう考えなければなりません。ところが、なぜか私たちは、「自分は別」と考えてしまうのです。

それは、現実的に考えようとすると、不愉快な気分になってしまうから。私たちは、あまり不愉快な現実を考えたくはありません。気分が悪くなるようなことは、考えないようにするか、歪めて解釈しようとするのが私たちの心のメカニズムなのです。

私たちは、自分が不愉快にならないように、あえて非現実的な考え（妄想とも言います）をすることによって、心の安寧を得ようとするのです。「自動車の運転をしていれば、交通事故に遭うリスクは何％」などと現実的に考えると不快な気持ちになってしまいますから、「自分だけは大丈夫（なはず）」と考えることによって、不快にならないようにしているのです。心のメカニズムとして、こういうことを無意識にやっているのです。

自分が望まない妊娠をしてしまう可能性は？

男性が避妊を嫌がるのはわかるのですが、女性の中にも、「避妊しない」という人はかなり多いようです。「自分だけは大丈夫」という心理は、こんなところにも表れるのです。

妊娠、出産という大変なリスクを抱えている以上、安易なセックスは女性にとって避けがたい行為のはず。にもかかわらず、なぜ避妊をしない女性がいるのでしょうか。

米国カリフォルニア州にあるサンタ・クララ大学のジェリー・バーガーは、「自分だけは大丈夫」だと勝手に思い込んでいるからではないか、と考えました。もともと人間には、「自分だけは大丈夫」と思い込みたがるところがあるのですが、妊娠可能性についても、「自分だけは大丈夫だよ」と女性は思っているのではないかとバーガーは考えたのです。

そこでバーガーは女子大学生たちに、「あなたがこれからの1年間で、自分が望んでいない妊娠をしてしまう可能性は、どれくらいだと思いますか？」というアンケートを配布してみました。さらにバーガーは、「自分以外の平均的な女子大学生が、望んでいない妊娠をする可能性」、「自分と同年齢の平均的な女性が、望んでいない妊娠をする可能性」、「子どもがいてもい

図11 ジェリー・バーガーの調査結果

	これからの1年間で、望んでいない妊娠をしてしまう可能性
自分自身	9.24%
自分以外の平均的な女子大学生	26.97%
同年齢の平均的な女性	42.59%
子どもがいてもいい年齢の平均的な女性	46.03%

※数値は0%が「まったく妊娠しないだろう」、100%が「確実に妊娠するだろう」と考えていることを示す

い年齢の平均的な女性が、望んでいない妊娠をする可能性」についても推測させてみました。

すると図11のような結果になったそうです。

言うまでもありませんが、コンドームなどを使用せずにセックスしていたら、誰でも等しい確率で妊娠するのです。にもかかわらず、女子大学生は**「自分だけは大丈夫」と根拠もなく信じ込んでいました**。妊娠すると思っていたのは、わずか10％未満だけです。

どんなこともそうですが、自分だけは例外的に大丈夫、ということはありません。**リスクは、誰に対しても等しく存在する**のです。そんなことは誰でもわかっているはずなのに、それでもやっぱり、「自分だけは大丈夫」だと思ってしまうのでしょうね。これが、人間の良くないところです。

社会不安が高まると流行《はや》るもの

星占いが流行り始めるのは、心理学的に言うと、実はあまり良くない兆候です。なぜかというと、人間は、不安を感じ始めると何かにすがりつきたいという気持ちになるのですが、そのすがりつきたくなる対象が占いだからです。つまり、星占いやら、その他の占いが流行り始めるということは、それだけ「社会不安が広がり始めている」という兆候でもあるのです。カルト宗教が流行するのもそうなのですが、占いが流行し始めるのも、たいてい社会に不安がじわじわと蔓延しつつあるときです。

米国ウェストバージニア州にあるマーシャル大学のヴァーノン・パジェットは、1918年から1940年の、ドイツ国内の混乱の度合いと、星占い、神秘主義をキーワードにして論文数、雑誌の記事数の関連を調べてみました。

すると、第二次世界大戦に向けてドイツ国内に不安が広がるのに合わせて、星占いに関連した記事も増え続けることがわかりました。第二次世界大戦勃発の少し前、1936年3月ころがピークです。

またパジェットは、失業、賃金、産業生産などの経済指標も、星占いによって予測できることを明らかにしています。**失業が増え続け、賃金と生産が落ち込めば落ち込むほど、星占いはぐんぐん人気を伸ばしていた**のです。

星占いは、社会不安を読むためのまことに良い指標。大衆がどれくらい不安を抱えているのかを知りたければ、星占いやほかの占いがどれくらい流行っているのかを調べればいいのです。

「なんだか最近、街角に占い師が増えたなあ」

「デパートの一角に、占いコーナーが増えたように思うなあ」

と感じるのであれば、それは良くない兆候です。社会不安が広がっているというサインだと見なして間違いありません。

経済が好調で、社会に何の不安もないときには、人は強気でいられます。そんなときには、「俺は、占いの類いはまったく信用なんてしないんだよね」と言っている人も増えます。けれども、そうやって強がっている人も、経済がどんどん悪くなってくると、やはり神頼みというか、「占いもアリかな」と感じるようになるでしょう。人間はそんなに強い存在ではありませんから、心細くなってくると、何かにすがりつきたくなるのです。

ちなみに、私も科学者の端くれではあるのですが、占いは好きなほうです。心理学では血液型占いは完全に否定されていますが、それでもやっぱり血液型占いなども信じてしまいます。

未成年者の結婚は悪いこと？

「10代で母親になる」と聞くと、最近の人は眉をしかめるかもしれません。多分、「ろくでもない不良の娘」というイメージを持つのではないかと思います。

けれども、**10代で結婚、出産することは、本当に悪いことなのでしょうか**。

イギリスにあるバーミンガム大学のアリソン・ロルフは、10代で母親になった女性33名にインタビュー調査をし、10代での結婚がどのような経験になったのかと尋ねてみました。

普通に考えると、早過ぎる結婚にとても後悔しているとか、もう一度人生をやり直したいとか、そういう答えが多く返ってくるような気がします。

ところが、インタビューの結果はそうではありませんでした。彼女たちは、**10代の結婚がマイナスだとは考えていなかった**のです。むしろ、自分が母親になることで「自己成長できた」「責任ある大人の女性になれた」という回答をしていました。

それまでちゃらんぽらんだった不良娘でも、出産を経験して母親になると、女性は生まれ変わるのです。良い方向に自己成長するのです。

「この子のために、私がしっかりしないと」
「責任を持って、この子を育て上げよう」
そういう気持ちになる女性が多かったのです。

よくテレビでは、若い夫婦が子どもを殺してしまったとか、子どもに食事をさせないで餓死させた、といったニュースが流れますが、そういった面だけを切り取るのは、「早過ぎる結婚は悪いことだ」という観念を視聴者に植えつけることになり、あまり良くないことだと思います。実際には、10代の結婚にも良いことはたくさんあるはずですし、頑張っている10代の母親もたくさんいるはずなのに、そういうことはまずニュースで報道されないですよね。

昭和の初めくらいまでは、女性は学生のうちに結婚するのが普通でした。キレイな女の子は女学生のうちにどんどん結婚してしまうので、卒業するまで嫁に行けない女の子を失礼にも「卒業顔」と呼んでいたそうです。

歴史的に見れば、日本でも10代で結婚することが珍しくない時代のほうが、はるかに長く続きました。晩婚化は、あくまでここ何十年かの話でしかありません。世界に目を向けても、10代の結婚は珍しくありません。先進国が晩婚化しているだけです。10代で結婚するからといって、決して悪いことではないのです。

誰もが「自分は平均以上」だと思っている

私たちがいちばん好きなもの。それは自分自身です。これは間違いありません。「えっ、私は自分のことが大嫌いなんだけど?」という人もいるでしょう。けれども圧倒的多数の人は基本的に自分のことが大好きですし、**自分自身を高く評価してしまう傾向がある**のです。

スウェーデンにあるストックホルム大学のオーラ・スヴェンソンは、アメリカの大学生とスウェーデンの大学生の、運転免許証を持っている人を対象にして、自分の運転の技術を0点から100点で自己評価してもらいました。

すると、**アメリカの学生の93%、スウェーデンの学生の69%は、「自分は平均以上の技術を持っている」と答えた**のです。

またスヴェンソンは、「あなたはどれくらい安全運転していると思いますか?」という質問もしたのですが、**アメリカの学生の88%、スウェーデンの学生の77%は、「普通の人より、自分のほうが安全運転」と答えていました**。

私たちに自己評価をさせると、たいてい「自惚《うぬぼ》れた答え」が返ってくることが知られています。これを**〝平均以上効果〟**と言います。

私たちは、こと自分のことになると、評価の目が曇ってしまうというか、客観的に判断できなくなってしまって、「どんなに悪くとも、自分は平均以上だろう」と勘違いしてしまうものです。もちろん、そんな自己評価は誤りに決まっているのですが。

自動車の運転をするときには、「私は運転がうまい」と思うのは危険ですし、「自分だけは事故に遭っても助かるだろう」などと考えるのは、妄想に過ぎません。なぜそんな風に判断が歪んでしまうのかはわかりませんが、ともかく**「私たちは自惚れた自己評価をしてしまいがちなのだ」ということを知っておくだけでも、判断の歪みを修正することができる**ものです。それを常に意識して、できるだけ安全な運転を心がけてください。そのほうが事故に遭う危険を避けることができるでしょう。

……などと偉そうなことを言っておりますが、私自身はどうかというと、自動車の運転をするときにはどうしてもスピードを出したくなるので困っています。自分には運転の技術もあると、根拠もないのに信じ込んでいたりします。人間の心は、なかなか自分の思い通りにいかないものですね。

好意を感じる相手の名前は

誰でも自分のことがいちばん好きだというお話をしましたが、**私たちは、自分の「名前」も好みます**。これを心理学では、**〝ネーム・レター効果〟**と呼んでいます。**同じ名前だけではなく、似た名前であっても同様**です。

私の場合ですと、「内藤」ですから、「内村さん」とか、「内山さん」には、多分無意識的に親密さや好意を感じやすくなっているはずです。そういう名前の人には、私も知らないうちにエコヒイキをしている可能性があります。読者のみなさんの仲の良いお友達の名前を思い浮かべてみてください。自分の名前と似ているのではないでしょうか。

私たちが似た名前の人を好む傾向は、ベルギーにあるルーベン・カトリック大学のヴェラ・ホーレンスによって確認されています。調べてみると、友達同士というのはよく似た名前である場合が多かったのです。ホーレンスは、ハンガリーでも、タイでも同じ研究をしてみましたが、やはり自分の名前とよく似た名前の人と友達になりやすいことがわかりました。

もうひとつ面白い研究を紹介しておきます。

米国ピッツバーグ大学のハーバート・バリーは、作家は登場人物に自分と同じ名前を使うとき、どうしても好意を感じやすくなり、その人物にとってハッピーな結末になるように書くのではないか、という仮説を立ててみました。

この仮説を検証するため、バリーが調べたのが、英国の作家ジェーン・オースティンです。彼女の作品のうち、『高慢と偏見』と『エマ』には、それぞれ「ジェーン・ベネット」「ジェーン・フェアファクス」という女性が出てくるのです。

さて、ジェーン・オースティンは、自分と同じ「ジェーン」という名前を持った登場人物を、どのように書いたのでしょうか。

バリーの仮説が正しければ、好意的な書き方をしたはずになるわけですが、まさしくその通りでした。**作家と同じ名前の彼女たちは、どちらも美しく描写され、しかもお金持ちの男性と結婚するというハッピーな結末を迎えていた**のです。

作家は、自分と同じ名前の登場人物を描写するときには、知らず知らずのうちに、好ましい書き方をしてしまうのですね。これもやはり自分の名前が好きだからです。

あなたはどれだけ家事をしている？

私たちは、自分がやっていることはよく覚えています。何しろ、自分自身がやっていることなのですから。逆に他人がやっていることは、あまりよく覚えていません。

夫婦に対して、「あなたは家事全体のうち、何％くらいを自分がやっていると思いますか？」と質問すると、夫も妻も「自分がたくさんやっている」と答えるので、その数値の合計は100％を超えてしまうことが知られています。

私たちは、自分がたくさんやらされていると感じやすいのです。

カナダにあるウォータールー大学のマイケル・ロスは、何十組かの夫婦に、20の活動リストを見せました。リストには、「朝食を作る」「皿を洗う」「家の掃除をする」「買い物をする」「子どもの面倒を見る」などと書かれていました。それぞれのリスト項目に対し、どれくらい自分がやっていると思うか、またパートナーはどれくらいやってくれていると思うかを推測させたのです。

その結果、20のうち16の活動で、「自分のほうがたくさんやっている」と答えることがわかりました。**80%の活動で、自分がやっていることを多く見積もっている**ということです。

この理由について、ロスは「自分がやっていることはすぐに頭に思い浮かぶからであろう」と解釈しています。自分がやった事例についてはすぐに頭に思い浮かぶので、それだけたくさん自分がやっているのだと考えやすいのです。そして相手の事例はそんなに頭に思い浮かばないので、「自分ばかりがやっている」と感じてしまうのです。

私が自宅のトイレを使おうとすると、なぜかトイレットペーパーがなくなっていることが多いのです。そのため、私ばかりが、芯を外して新しいトイレットペーパーをセットしているような気がしていました。

「気がしていた」というのは、妻も私とまったく同じようなことを思っていたからです。私が何気なく、「トイレットペーパーの交換は、なんだか俺ばかりがやってるような気がするな」と口にしたところ、「えっ、絶対に私のほうが多いと思うけど」という返事が返ってきたのです。ようするに、お互いに「自分のほうがたくさんやらされている」と感じていたのです。

私たちは、自分ばかりがソンな目に遭っていると感じやすいものですが、それはまったくの誤解に過ぎません。現実には、ほかの人もみなさんと同じようなことをしてくれているわけで、自分では気がつかないだけです。自分ばかりが一方的にソンをしている、ということは通常ありません。

自分は善人で、世の中は悪人だらけ

私たちは、誰でも自分のことを「善人」だと思っています。その一方で、世の中には、「悪人」ばかりがウヨウヨしているものだ、とも考えています。

自分だって、ほかの人と同じくらい悪い心を持ち合わせているという考えは、あまり持ちません。**自分だけがキレイな心を持っていて、ほかの人はそうではない、と漠然と思っている**のです。

どうしてそんなことが起きるのかというと、私たちは、自分に都合の良いことしか記憶していないからです。たとえば、自分がほかの人に良いことをしてあげたとしましょう。すると、そういうエピソードは、ちゃんと自分の頭の中にしっかりと記憶されるのです。「いやあ、良いことをしてあげたなあ」と。

ところが、ほかの人が何か親切なことをしてあげていても、私たちはそういうことをあまり覚えていません。すぐに忘れてしまうのです。

逆に、相手が自分に何か不愉快なことをしてきたときには、しっかりと記憶していきます。

これを**〝記憶の選択作用〞**と言います。たとえば困っている人にお金を貸してあげたことはよく覚えていますが、ほかの人にお金を借りたときには、すぐに忘れてしまいますよね。私たちは、自分にとってだけ都合の良い選択を行って、記憶していくのです。これが記憶の選択作用です。

米国カリフォルニア州立大学のデビッド・メシックは、自分が他人にしてあげた「善行」、他人が自分にしてくれた「善行」、また自分がした「悪いこと」と、他人がした「悪いこと」をできるだけたくさん、5分間のうちに書き出してください、という実験をしたことがあります。

その結果、被験者たちは**自分が他人にしてあげた善行については、5分間に4・20個も思い出せましたが、他人の善行については、2・90個しか思い出せませんでした**。自分の良いところなら、たくさん思い出せたのです。

逆に、**自分がした悪いこと（身障者スペースに駐車してしまったとか、お釣りをごまかした）については、2・73個しか思い出せませんでしたが、他人がした悪いことは4・28個も思い出せました**。

この実験でわかるように、私たちは、自分のことは良いことばかりが思い出せます。そのため、「やっぱり私って、かなりの善人だよね」という自己像が出来上がっていくわけです。

他人については、悪いことのほうがたくさん思い出せますから、そこから印象を形成することで、どうしても他人は「悪人」になってしまうのです。

世の中に悪人が溢れているように見えるのは、私たちの記憶が、自分のことを美化する方向に機能しているためでしかありません。「渡る世間に鬼はない」という言葉もありますが、本当はそんなに悪人ばかりがいるというわけではないのです。

売れるセールスマンに共通した特徴

「もう少し営業がうまくなりたいなあ」

「どうすれば営業成績が伸びるんだろう？」

営業や販売をやっている人なら、どうすれば売れる人間に変身できるのかが気になるところでしょう。いったい、**「売れる」営業マンには、どういう特徴があるのでしょうか**。彼らと普通の営業マンでは、どういう点で違いがあるのでしょうか。

米国イリノイ大学のアーサー・ドッジは、デパートで働く75名の販売員を、成績順に４つのグループに分けました。

最高の売り上げを叩きだす「ベスト」、平均以上の成績を残す「平均以上」、平均にやや劣る「平均以下」、最悪の成果しか出せない「最下位」、のグループです。彼らに１２５項目の質問をして、回答に違いがあるものを抜きだしてみたのです。

その結果、次のような質問に対して、４つのグループでは違いが見られました（図12）。これはドッジが行った調査の一部ですが、**売れるセールスマンには、物事に対しては何事も「積**

図12 アーサー・ドッジの調査結果

質問項目	ベスト	平均以上	平均以下	最下位
「ほかの人と一緒に何かするより、ひとりでするのが好きですか？」	72%	80%	33%	40%
「行列で割り込みされたら、文句を言うタイプですか？」	72%	87%	56%	60%
「事故を見かけたら助けますか？」	83%	87%	89%	67%
「退屈なパーティでは、ほかの人を楽しませてあげようとしますか？」	78%	80%	44%	53%

※数値は質問に対して「はい」と答えた人の割合を示す

極的」であることが窺えます。逆に成績の良くないセールスマンは、積極性に欠けるようです。

もし読者のみなさんが営業の仕事をしていて、成績が伸び悩んでいるのだとしたら、それは意欲や積極性に欠けるからかもしれません。

売れる営業マンは、エネルギッシュで積極的に動こうとするタイプ。こういう積極性を身につけるようにすれば、みなさんの成績も伸びるでしょう。「売れる人」がやっていることを真似していれば、自分も「売れる人」になれるのは言うまでもありません。

自分からガンガン前に出ていくとか、どんどん先に進んでいくとか、そういう積極さがないと、セールスマンとしては成功しないみたいですね。もちろん、そういう積極さが大切なのはほかの職種にも言えるとは思いますが。

もしも宝くじが当たったら

宝くじで何億円もの賞金に当選すれば、生涯賃金が一気に手に入ることになります。だいたいいまのサラリーマンの生涯賃金が3億円だとして、宝くじで3億円が当たれば、もうその人は「働く必要がない」ことになります。

ではその人は、宝くじが当たった瞬間から、「もう仕事なんてや〜めた」ということになるのでしょうか。

いえいえ、そういうことにはなりません。なぜなら、**私たちには「働きたい」という欲求があるから**。「仕事なんてイヤだ」「仕事なんてやりたくない」と絶えず思っている人からすると、なかなか信じてもらえないかもしれませんが、人間には本当にそういう欲求があるのです。しかもこの欲求は、けっこう強く、誰でも持っているのです。

米国ミネソタ大学のリチャード・アーヴェイは、オハイオ州宝くじ委員会に登録されている10年分、1265名の高額当選者にアンケートを実施させてもらいました。どんなアンケートかというと、「あなたは宝くじが当たっても、仕事を続けましたか?」というものです。

すると85・５％は、「仕事を続けている」と答えました。「お金がたっぷり入ってきたから、もう働く必要がなくなっちゃったよ、アハハ」という人は、わずかに14・５％。**大半の人が、働く必要がないほどのお金を手にしても、やっぱり働いていた**のですね。

世界の大富豪の中にも、仕事をすること自体が楽しくて、もう稼ぐ必要などないのに、それでも24時間３６５日、休まずに仕事をしている人がいます。

可能性としてはほとんどないでしょうけれども、もし私が１００万部を超えるベストセラーを出すことができ、それによって1億円の印税収入があったとしましょう。それでも、私は仕事をやめないと思います。なぜなら、仕事が楽しいからです。

きっと、読者のみなさんも同じだと思います。仮に1億円が手に入ってきても、すぐに仕事をやめてしまったりはしないでしょう。人間には、おいしいものを食べたいとか、ぐっすり眠りたいとか、いろいろな基本的欲求があるわけですが、「働きたい」というのも、そういう基本的な欲求のひとつなのかもしれません。「何もしなくていいから、ただ寝ころんでいていいよ」と言われても、私たちはそんな生活をいつまでも続けてはいられません。多分数時間で飽きてしまいます。

身体を目いっぱい動かして働きたいと思うのは、もともと人間に備わった欲求なのです。働く必要があるとかないとか、そんなことはどうでもいいのです。

宝くじを当てた半年後

宝くじで一等に当選すれば、ものすごく気分が良いことでしょう。何しろ使い切れないほどのお金が入ってくるわけですからね。こんなに幸せなことはないように思います。

しかし、私たちが感じる**「幸福感」というものは、そんなに長続きはしません**。嬉しいのは最初だけで、そのうちに幸福感は薄れてきてしまいます。もともと人生の幸福感を30点くらいと感じている人は、宝くじが当たってからしばらくは100点と感じるでしょう。ところが半年もすれば、30点くらいの幸福感に戻るのです。

同じことが、「不幸」にも言えます。交通事故に遭うことはたしかに不幸なことですし、幸福感はものすごく落ちます。とはいえ、一生不幸を感じ続けるのかというと、そんなことはありません。やはりしばらくすると、元の状態に戻ります。もともと人生の幸福感を70点くらいと感じていた人は、事故に遭うことによって20点くらいにまで落ちるかもしれませんが、しばらくするとやはり70点に戻るのです。

私たちの感じる幸福感は、人によって決まっていて、そこから多少変化することがあっても、そのうち元に戻るのです。

米国ノース・ウェスタン大学のフィリップ・ブリックマンは、イリノイ州が主催する宝くじの高額当選者22名を探し出しました。そして、彼らの幸福感の変化を尋ねてみたのです。するとやはり当選直後には、幸福感はアップしていました。ところが**しばらく時間が経つと、幸福感もなくなることがわかった**のです。

また、ブリックマンは、交通事故によって下半身麻痺になってしまった29名にも、やはり幸福感の変化を尋ねてみました。こちらのグループも、**事故に遭った直後には幸福感が一時的に大幅に減ることがわかりましたが、やはりそのうちに元に戻ることがわかった**のです。

結局、私たちが感じる幸福感というものは、人によってだいたいの数値が決まっているのです。

「私は幸せだ」と感じやすくて、自分の幸福度に80点とか90点をつけている人は、少しくらいの変化があっても、やはりそれくらいの数値に戻ってくるものです。幸福度を感じにくくて、20点とか30点という点数をつけている人は、幸せなイベントがあって少しは高くなることがあっても、やはりそのうちに最初の得点に戻っていくのです。

結局、私たちが感じる幸福感は、イベントによって決まるのではありません。自分が、自分のことをどのように感じるかによって決まるのです。

戦場で敵を目の前にした兵士の心理

テレビニュースで凶悪犯罪の事件がくり返し報道されると、「人を殺す」ことは、なんだかとてもたやすいことのようなイメージを持たされてしまいます。

しかし、実際のところ、**「人を殺す」のはとても難しいこと**なのです。私たちは、人を殺すことに、大きなためらいを感じます。

人類の歴史では、何千年にも渡って兵士を訓練して「殺人マシーン」に仕立てるためのトレーニングが磨かれてきたというのに、いまだにそんな方法は確立されていないのです。「戦争になれば、誰だって人殺しになる」というのは、誤った考えです。戦場に出た兵士たちは、敵を殺そうとしないのが実情なのです。

第二次世界大戦中、米陸軍准将のS・L・A・マーシャルが調査したところ、兵士100人のうち、**きちんと発砲するのはいつでも平均して15人から20人しかいないことが判明しました**。隊長が「撃てえ！」と命令しても、兵士たちは敵に向かって発砲するのを嫌がり、あらぬ方向に向けて撃ったり、撃つフリをしてごまかすのが普通だったのです。

マーシャルは、ヨーロッパおよび太平洋地域で、ドイツまたは日本軍との接近戦に参加した400以上の歩兵中隊を対象に、戦闘の直後に何千何万という兵士への面接調査を行ったのですが、その結果は常に同じでした。どんなに命じても、兵士は人を殺そうとしない。これが当たり前に見られる光景だったのです。

元米国陸軍のデーヴ・グロスマンは、『戦争における「人殺し」の心理学』（ちくま学芸文庫）という本を書いていますが、その中身のほとんどは、「人殺し」ではなく、「なぜ、人は人を殺せないのか」という事例の検討に当てられています。

たしかに、ニュースでは人殺しの事件がたくさん報道されています。普通の人でも感情的になったりすれば、「お前を殺してやる！」などと脅迫めいたことを口にすることもあります。しかし現実には、そんなにたやすく人を殺せるものではありません。人を殺そうとすると自然にブレーキがかかって、殺せないものなのです。

ただし、近代戦になってくると、話はちょっとだけ違います。昔のように、剣や槍を使って、自分の手で目の前の相手を殺すことにはためらいがあるけれども、遠く離れた場所からミサイルのようなもので相手を殺すということになると、あまり抵抗を感じなくなるのです。昔の戦争では、そんなに人を殺さずに戦争が終了するのが普通だったのに、近代になればなるほど戦死者が増加しているのは、そのためです。

チーム内の手抜きを防ぐ方法

私たちは、**ほかの人と一緒だと、ついつい手を抜いてしまう**傾向があります。「まあ、本気を出さなくともほかの人がやってくれるから」と思ってしまうわけです。

では、こういう手抜きをどうにかして防ぐことはできないのでしょうか。

もちろん、できます。そのやり方は簡単で、個々の人がどれだけ頑張ったのかがきちんとわかるようにしておけばいいのです。グループ全体としてこれだけの力を出した、ということになると個々のメンバーは手を抜きますが、個々の人が出した力はこれこれだったよ、というフィードバックがあるときには手を抜かなくなるのです。

米国インディアナ州にあるパーデュ大学のキプリング・ウィリアムズは、大学の水泳チームのメンバー16人に、4人ずつの4チームを作ってもらいました。それから100メートル自由形、または400メートルリレーを全力で泳いでもらって、タイムを測定してみたのです。

ただし、リレーの前には「個人のタイムは、それぞれに伝えますね」と言っておく場合と、そうでない場合とがありました。個人のタイムが一人ひとりに伝えられるグループでは、手を抜いたらバレてしまいます。

結果はというと、後で個人のタイムが伝えられない場合、やはり個人で泳ぐよりリレーのほうがラップタイムは遅くなりました。けれども、**「後で個人のタイムも伝えますからね」というときには、リレーのほうがラップタイムは早くなった**のです。

この実験からわかる通り、集団やグループを効果的に動かすためには、成績やパフォーマンスが個別にわかるシステムを作っておかなければなりません。「全体でこれこれ」というやり方ですと、個々のメンバーは必ず手を抜きます。

職場でも同じ。個々のメンバーに全力を出させたいのなら、それぞれのメンバーがどれくらい頑張ったのかを、個別に評価できるシステムを作っておくとよいでしょう。

第4章

ちょっと怖い心理学研究

チンピラが因縁をつけてくる理由

街中で不良やチンピラに出会ったときには、できるだけ遠く離れて歩くようにしましょう。すれ違うときにも、あまり近くによって歩いてはいけません。

「おい、兄ちゃん。俺にケンカを売ってんのかい?」

自分では離れて歩いているつもりでも、やれ肩が当たったとか、目が合ったとか、つまらない因縁をつけられたくないのであれば、とにかく自分が思っている以上に遠く離れていたほうがいいのです。

「えっ、因縁なんてつけるつもりはないのに……」と思うかもしれませんが、相手はみなさんが近づいてきただけで、自分への「挑戦」や「攻撃」ととらえてしまうのです。だから、とにかく近づかないのがいちばん。「君子《くんし》危うきに近寄らず」というやつです。

目には見えませんが、私たちは自分の周囲に、バリヤーというか、縄張りのような空間を張り巡らせています。これを〝**パーソナル・スペース(個人空間)**〟と言います。そして、このパーソナル・スペースにいきなり他人に踏み込まれると、私たちは不愉快さを感じるのです。

不良やチンピラの人たちは、このパーソナル・スペースが普通の人よりも広いので、普通の人にとっては、そんなに「近づき過ぎているわけでもない距離」でも、「近づき過ぎの距離」だと感じてしまうのでしょう。

米国ニューヨーク州精神医学研究所のアウグストゥス・キンゼルは、刑務所に収監されている囚人のうち、殺人や強盗で収監されているグループを「暴力的グループ」とし、詐欺などの理由で収監されているグループを「非暴力的グループ」として、こんな実験をしています。

部屋の中央に囚人を立たせて、前後左右から実験者が一歩ずつ近づいていきます。囚人は「近づき過ぎだ」と感じたら「ストップ！」と声を出します。そこで実験者は自分の歩みを止め、囚人との距離を測定します。

なお、後ろから近づいていくときには、囚人からは実験者の姿が見えませんので、実験者は近づいていくときに声を出していました。その声を頼りに、囚人はストップをかけるのです。

これにより、暴力的なグループのパーソナル・スペースの大きさと、非暴力的なグループのパーソナル・スペースの大きさが明らかにされたわけですが、**前者は自分の周囲に2・72㎡のパーソナル・スペースがあるのに、後者では0・6㎡であることがわかりました**。

暴力的でもないグループでは、だいたい60㎝の距離にまで近づかれなければそんなに気にならないのですが、暴力的なグループは、３ｍ近く離れていても、「近づき過ぎ」と感じることがわかったのです。

不良やチンピラがなぜ因縁をつけてくるのかが、これで明らかにされたわけです。ようするに、彼らはムリに因縁をつけようとしているのではなく、自分のパーソナル・スペースが侵されて、本当に不快感を覚えているのです。

オフィスの使い方からわかること

性格というものは、その人の「行動パターン」に表れます。

たとえば、性格的に短気でせっかちな人はどうしても早口になりがちですし、早食いになりがちですし、早足で歩くものです。そのため、その人の行動を観察していれば、「だいたいこんな感じの性格なんだろうな」と推測しても、けっこう当たってしまうわけです。

同じことは、「行動の結果」にも当てはまります。その人の**行動の結果として「残されたもの」を見ても、だいたいの性格は読める**のです。名探偵シャーロック・ホームズが、残された遺留品から犯人の人物像を暴き出すようなことが、心理学を学んだ人にもできるのですね。

米国テキサス大学のサミュエル・ゴスリングは、オフィスの使い方を見ればその人の性格も読めるのではないか、という仮説を立てました。

この仮説を検証するため、ゴスリングは、５つのオフィス（不動産屋、広告代理店、ビジネススクール、建築事務所、銀行）に勤めている94名の社員に、オフィスの写真を撮らせてもらいました。また、社員本人には性格テストを実施しました。

撮らせてもらった写真を8人の判定者に見せて、どんな性格かを言い当てられるのかを調べてみたところ、**偶然以上の確率で性格が読めることがわかりました**。何事も計画的できちんとした性格の人は、机の上もきちんと整理しており、散らかっていませんでした。また、外向的で明るい人は、オフィスを自分好みに飾りつけするようなことを好んでいました。

ゴスリングはさらに、自宅の部屋の写真も撮らせてもらって同じ実験をしてみましたが、やはりある程度までその人の性格が言い当てられることもわかりました。汚い部屋の人は、やはり性格的にはだらしない人でした。

部屋がどれくらい散らかっているかを見れば、「ああ、この人は性格もだらしないんだな」と判断して、ほぼ間違いはありません。性格がきちんとしている人は、部屋を汚くしておくことに我慢がならないはずなのです。

ゴスリングによると、性格特徴では「意識性」と呼ばれるものが予測しやすいことがわかりました。「意識性」とは、慎重な性格なのか、安定を好むのか、先読みして行動するタイプなのかといった特徴のことです。また、「外向性」についても予測できました。快活で社交的なのか、エネルギッシュなタイプなのかどうかも、部屋を見ればだいたいわかるのだそうです。

逆に、「感情的安定性」については、部屋を見ただけではあまりわかりませんでした。部屋の使い方を見ただけですべての性格が読めるというわけでもないのですが、かなりの部分は読めると思ってよいようです。

致死量の薬を投与しそうになった看護師

看護師さんは、お医者さんの出した指示には忠実に従おうとします。基本的に、そこに疑問は差し挟みません。指示されるたびに「この指示は、本当に合っているのだろうか？」などと考えていれば仕事の能率も悪くなってしまいますし、もともと「お医者さんなのだから間違えることもないだろう」と漠然と信じている、ということもあるようです。

米国オハイオ州にあるシンシナティ大学のチャールズ・ホフリングは、22人の看護師に電話をかけて、次のような指示を出しました。

「ああ、ちょっとすまん。医師のハンフォードだが、患者のカールソンさんにアストロテンという薬の処方をお願いしたい。ア、ス、ト、ロ、テ、ン、20ミリ、4カプセル。いいかな？ 私は10分後にそちらに行くので、そのときに薬の指示書にサインしよう。ただ、私が行く前に、もう投与を始めておいてくれ」

看護師が薬を取りに行くと、薬の箱にアストロテン20ミリというのは、明らかに致死量であることがしっかりと書かれていました（実際には、アストロテンという薬は存在しません）。

さらに、ホフリングは電話で指示をしたのですが、この手続きは病院の規則で禁じられていることでした。しかも、看護師にとって電話をかけてきたのは見知らぬ声の男性だったのです。

さすがに、看護師はそんな薬を投与しないだろうと思いますよね。けれども、**看護師22人のうち、21人が実際に投与するために病室に向かった**のです。もちろん、投与する前に実験者が止めたのですが。

看護師は、医者の言うことなら素直に従ってしまう、ということを示すとても怖い実験だと思いませんか。医療事故などが頻繁に起きるのも、医者の指示に看護師がそのまま従ってしまうことが原因のケースもあるのかもしれません。医者の指示が間違いだったとしても、看護師は、いちいち確認しようとはしないのです。

こうしたことは看護師に限りません。普通の会社においても、**上位者からの命令や指示は、基本的にそのまま従う**のが普通でしょう。その都度「本当にそれで合ってますか？」などと確認する下位者はいないと思います。上司に「あれをやれ」と言われたら、部下は「はい、わかりました」としか返事ができないのではないでしょうか。

結局、私たちは、上位者の言うことには絶対服従するのが普通なのです。どんなに心の中で「あれっ、おかしいな」と思っても、それでもやはり上位者の言うことには従ってしまうのが人間なのであって、それが原因で大きな事故や事件が起きることもあるのです。

なぜハロウィンに人々は暴徒化するのか

ハロウィンが近くなると、渋谷の街はコスプレ（仮装）をした人たちでごった返します。それだけならまだいいのですが、普段ならゴミをポイ捨てなどしない人でも、コスプレをしているときは平気で街中にゴミを捨てていきます。

これはいったいどういうことなのかというと、コスプレをすると、私たちは自分が自分でなくなったように感じて、**普段の自分がやらないようなことも平気でできるようになってしまう**からなのです。

このことをみんな知らないわけですが、コスプレをするのは意外に怖いことなのです。ポイ捨てくらいならまだかわいいものですが、公共物を破壊したり、ほかの人に暴力をふるったりする可能性も高まるので、コスプレをするときにはよほど気をつけなければなりません。

実際、ハロウィンのときに痴漢の逮捕者が出たという事件もありました。普段なら痴漢などしない人でも、コスプレをしているときには違う心理になってしまうのでしょう。特に、自分の顔が隠れるようなフードをかぶったり、全身を覆うような着ぐるみのコスプレをしたりするときには注意が必要です。そういうコスチュームのときには、「自分だということがバレない」ということで、さらに理性が働かなくなってしまうからです。これを心理学では、**〝匿名性の原理〟**と呼んでいます。

「どうせバレやしない」というとき、人は、非人間的なことでも平気でできるようになってしまうのです。

米国アーカンソー州立大学のロバート・ジョンソンは、4人ずつのグループを作らせて学習実験をしたことがあります。

4人は先生役と生徒役に分けられ、先生役は生徒役が答えを間違えるたびに、電気ショックを与えることになっていました。ただし生徒役に割り振られるのは、いつでも決まってサクラの人でした。実際に電気ショックを与えられることはありませんが、痛がるそぶりを見せました。なお先生役は、電気ショックの強さを弱いものから強いものまで、7段階で好きに選ぶことができました。

この実験の面白いところは、ジョンソンが先生役にコスプレをさせたことです。具体的にはKKK（クー・クラックス・クラン）というアメリカの秘密結社が着ているコスチュームと、ナースのコスチュームの2つを用意しておいたのです。ちなみに、KKKのコスプレでは、全身が隠れるので自分が誰なのかほかのメンバーにはわかりません。

その結果、**KKKのコスプレをしているときには、強い電気ショックを選ぶ人が増えました。**

「どうせ自分がやったってバレないんだから、強いショックを与えてやれ」と非人間的な行動が増えたのです。逆に、ナースのコスプレをしているときには、先生役は弱い電気ショックしか与えませんでした。

コスプレは、着ている人の心理を大きく変えてしまいます。純粋にコスプレを楽しむだけで済めばいいのですが、知らないうちに気が大きくなったり、非人間的になったりしてしまうことも知っておかなければなりません。

いじめのきっかけとなること

2018年、東京都八王子市の中学二年の女子生徒がいじめを苦にして自殺したという事件がありました。そのいじめのきっかけとなったのは、家族で行った沖縄旅行の写真をSNSにアップしたことだったそうです。ほかの生徒たちから、「自慢かよ」と妬《ねた》まれ、いじめが始まったといわれています。

家族旅行をするのは、とても良い経験になるとは思うのですが、**「贅沢な経験」をすることによって、かえって周囲から妬まれたり、仲間外れにされたりすることがある**のです。

米国ハーバード大学のガス・クーニーは、貴重なワインを飲んだり、飛行機からパラシュートで飛んだりする経験には、「見えないコスト」もあると指摘しています。

どんなコストかというと、ほかの人から仲間外れに遭う、というコストです。

「なんだかあいつ、調子に乗ってない？」

「自分だけ、周りとは違う人間なんだって思ってない？」

そんな風に思われて、嫌われてしまう危険があるのです。

■図13 ガス・クーニーの実験結果

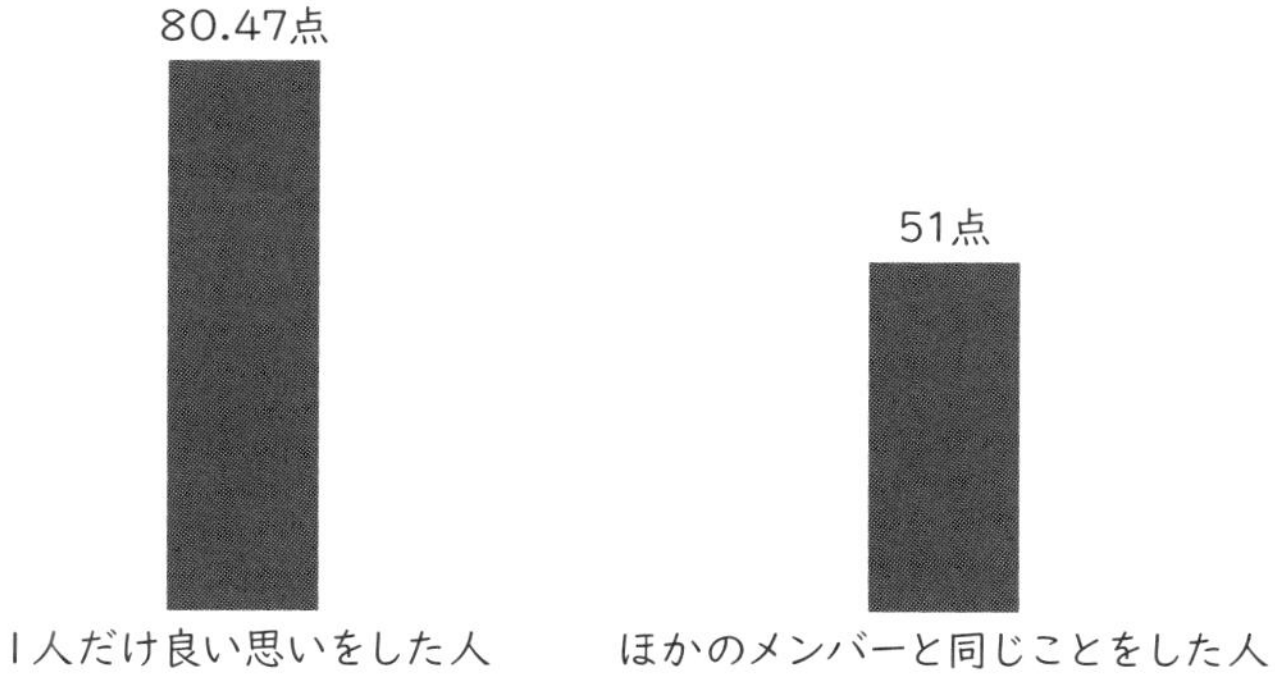

※数値は100点満点。100点に近いほど「仲間からの排除を感じた」ことを示す

クーニーはこの仮説を検証するため、4人でひとつのグループを作らせ、お互いに自分自身のことを語らせるという実験をしたことがあります。

ただその前に、メンバーの1人だけには、四つ星のとても面白い映画を観せてあげました。その間、残りの3人は二つ星のつまらない映画を観せられました。1人だけが、羨ましがられるような経験をさせられたわけです。自分がやりたかったわけではなく、実験者に割り振られただけなのですが。

それから4人に自由に会話をしてもらったわけですが、やりとりが終わった後で、**「どれくらいメンバーから排除されたと思うか」**と尋ねてみると、**1人だけ良い思いをしたメンバーが強くそう思うことが判明した**のです（図13）。

他人に羨ましがられるような経験をしたときには、できるだけ黙っていましょう。できるだけ隠しておきましょう。わざわざ自慢する必要などありません。自分では自慢しているつもりはなくとも、相手にはそう思われて妬まれてしまいますから、こっそりと隠しておいたほうがいいのです。

『ドラえもん』に出てくるスネ夫は、ステーキを食べたとか、高いおもちゃを親に買ってもらったとか、そういう自慢ばかりしてのび太に嫌がられていますが、そういう人間になってはいけません。

仮に貴重な経験をしたときにも、何も知らないような顔をしていたほうが無難でしょう。

無意識にしてしまう差別

私たちは、自分の属する集団の身内に対しては、自分でも気がつかないうちにエコヒイキや特別扱いをしてしまうことがあります。逆に言うと、**自分の属さない集団に対しては、知らぬ間に冷たい対応や、差別的な対応をしてしまっている危険性がある**、ということでもあります。

米国ワシントン大学のアンソニー・グリーンワルドは、「社会科学引用インデックス（SSCI）」という論文を検索するデータベースで、1万2000もの引用を調べてみました。

何を調べたのかというと、ユダヤ系の人は、ユダヤ系の学者の引用をたくさんするのではないか、という仮説についてです。ユダヤ系かどうかは、ある程度までは、名前から判断できます。ゴールドスタイン、セリーグマン、シーゲル、シルバースタイン、エーデルマン、といった名前はユダヤ系の人に多く見られる名前です。そういう名前の人は、やはり同じユダヤ系の学者からの引用を好んでするに違いない、とグリーンワルドは睨んだわけです。

実際、調べてみるとその通りでした。ユダヤ系の論文の著者は、同じユダヤ系の学者の引用をたくさんしていましたが、非ユダヤ系の学者からの引用はあまりしていませんでした。一方で非ユダヤ系の人（エリクソン、ホーキンス、ウェブスターなど）も、非ユダヤ系の学者ばかり引用して、ユダヤ系の名前の人の引用をあまりしていませんでした。**お互いに、自分の身内ばかりを特別扱いしていた**のですね。

グリーンワルドは、さらに追加の研究を行っています。「偏見」や「差別」をテーマに研究している学者だけに絞って、同じ調査をもう一度やってみたのです。

すると、やはり同じ結果が得られました。**「偏見」や「差別」を研究している学者でさえも、無意識のうちに、自分が差別的なことをしてしまう**ようです。本人は、まさか自分が自分と同じ集団の学者ばかりを引用しているとは、つゆほどにも思わないのでしょう。

偏見や差別は根が深いといわれますが、まことにその通りだと言えます。

自分でも気がつかないうちに、自分の属さない集団の人や、外国人に対して、失礼千万なことをしている危険性があります。身内にやさしくするのはいいのですが、身内以外の人に冷たくするのはいただけません。もしそういう差別をしている自分に気がついたなら、できるだけ改めるように努力しなければなりません。

本人は自分がそういう差別をしていることになかなか気づくことができないので、改めることが難しいという問題がありますが、**自分は無意識のうちにもほかの集団を差別してしまいがちだと意識しておくだけでも、差別してしまう危険を避ける効果はある**のだと思います。

「いけにえ」を作ると集団がまとまる

学校でも職場でも、人間関係がある所にほぼ間違いなく存在してしまうのが、「いじめ」です。

本来は守られるべきである弱者に対して、なぜ私たちはいじめを行ってしまうのでしょうか。そして、いじめはなくせないのでしょうか。

米国カンザス大学のスコット・エイデルマンによると、**いじめは、集団の維持に役立つ機能があるそうです。**

「えっ、いじめが、集団の維持に役立つ!?」と驚かれるかもしれませんね。「いじめがあると、かえって集団がバラバラになりそうな感じもするけど……」と思われる人もいるかもしれません。

しかし、同じ集団の中にいじめる対象を作るのは、「いじめられる人以外の人たちの一体感」を強める働きをするというのがエイデルマンの分析です。いじめの対象がいると、それ以外の人たちは、かえってひとつにまとまるわけです。心理学的には、これを〝**黒い羊効果（ブ**

ラック・シープ効果）〟と呼んでいます。

そういえばスポーツの世界でも、ライバルのチームがいると自分たちのチームの一体感が高まる、ということはありますよね。企業でもそうで、明確なライバル会社がいたほうが内部がしっかりまとまる、ということはあります。中国などは、反日を煽って国内の一体感を高める、ということをよくやっていたりします。

同じ集団内にいじめの対象を作り上げるのは、こういう現象と同じです。**外に敵がいないときには、あえて同じ集団、同じグループの中に、「いけにえ」のような対象を作ったほうが、メンバーの一体感、凝集《ぎょうしゅう》性は高まる**のです。

いじめがなかなかなくならないのは、集団の維持に役立っている（少なくとも、いじめられる対象以外の人にとっては）という理由があるからです。もちろん、だからといっていじめがあってもいいと言いたいわけではありませんが、集団が集団として維持されていくために、そういう機能が存在しているという側面があるようです。

いじめられることに、理由なんてありません。「言い訳と軟膏《なんこう》は、何にでもくっつく」という言葉がありますが、いじめについても同じです。「あいつは気取っている」とか「あいつは嫌らしい目つきをしている」とか「あいつの声が嫌いだ」とか、いじめる人たちはいろいろな理由をデッチ上げるものですが、本当のところはそんな理由はどうでもいいのです。

本当は、集団やグループを維持するために、あえて「いけにえ」を作っているだけなのです。いじめに遭ったときには、嫌われる理由を改善すれば仲間に入れてもらえるとか、そういう期待はしないほうがいいでしょう。どうせ嫌われる理由を改善したところで、また別の理由をデッチ上げられるに決まっています。

そんな場合には、さっさとその集団から逃げ出すことを考えてください。そうしないと、いつまでもいじめられ続けることになってしまうのです。

夜になると女の子が魅力的に見える理由

会社の同僚の女の子と一緒にお酒を飲みに行ったりすると、男性はちょっとドキドキするものです。

なぜドキドキするのかというと、「あれっ、この子ってこんなにキレイだったっけ!?」という気持ちになるからなのです。昼間一緒に仕事をしているときには、そんなに魅力的に見えなかった女の子でも、夕方になり、夜になってくると、どんどんキレイに見えてきてしまう、という心理効果があるのですね。

女の子がどれくらい魅力的に見えるのかは、時間帯によって変わってきます。夜が更《ふ》けてくると、どんどんキレイに見えてくるのです。それを知っていれば、女の子が魅力的に見えるという補正がかかってもそんなに驚かないのですが、知らない人は、ドキドキしてしまうでしょう。

米国オハイオ州にあるフランクリン大学のスティーブ・ニーダは、あるカントリー・アンド・ウェスタンのバーにいる男性客に、「店内にいる女の子の魅力を評価してもらえない

■図14 スティーブ・ニーダの実験結果

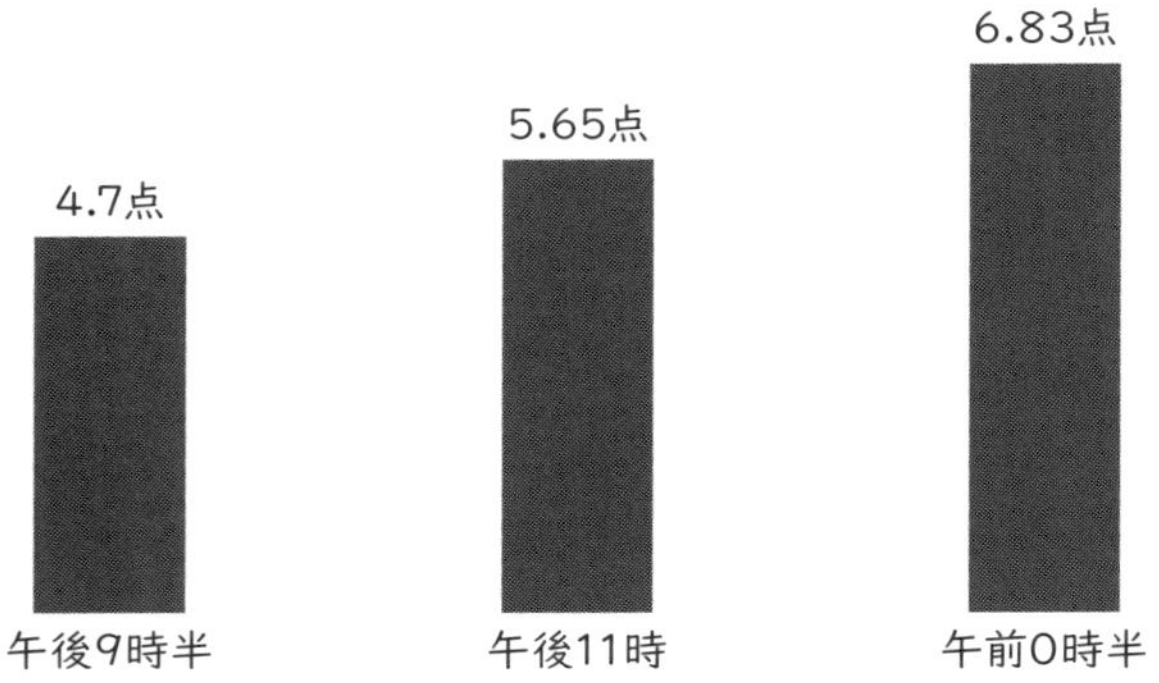

※数値は10点満点。10点に近いほど「女性を魅力的だと感じた」ことを示す

か?」とお願いしました。「全然ダメ」だと思うのなら1点、「とびきりキレイな子たちばかり」なら10点です。

ニーダは、午後9時半、午後11時、真夜中の0時半に、店内にいる男性客に同じ依頼をしてみました。なお、そこから閉店までの時間は、それぞれ、3時間半、2時間、30分でした。

すると、**時間が遅くなるほど、女性がキレイに見えるという傾向がはっきりと確認された**のです(図14)。

では、なぜ夜遅くになるにつれて、女の子が魅力的に見えてしまうのでしょうか。

その理由はいくつか考えられるでしょうが、「もうどんな女の子でもいいから、今晩一緒にいたい」と男性が思うようになるからです。つまり、理想の女性のハードルが、どんどん下がっていくのです。どんな女の子にも相手にされず、一人きりで帰るくらいなら、少しくらいブサイクな女の子でも、いないよりははるかにマシ、という心理が働くのでしょう。

「なんだか、今日はやけにこの子がキレイに見えるな……」

「昼間より、ずっと魅力的だ……」

そう思うのは、単なる錯覚です。夜が遅くなると、女の子が魅力的に見えるように補正がかかっているだけですから、いたずらに手を出して翌日に後悔するようなことがないようにしてください。

女性が浮気したくなる時期

恋人がいたり結婚したりしている女性は、月に一度、浮気しないように気をつけなければならない期間があります。

「私は、貞節《ていせつ》な女の子だから大丈夫」

「私は、絶対に浮気なんてしない」

という女性でも、月に一度、ついフラフラと**ほかの男性に気を許してしまいそうになる危険なタイミングがある**のです。

それは、月経周期で言うと、「最も妊娠しやすいタイミング」。

イギリスにあるマンチェスター大学のマーク・ベリスは、『カンパニー』という雑誌に載せられている、女性の浮気データを分析しました。のべ２７０８名の浮気の事例を分析したのです。

その結果、彼女たちが**浮気するのは、一カ月で最も妊娠しやすい時期に集中していることがわかりました**。月経周期で言うと、９日目から14日目に妊娠しやすい時期があり、ピークは12

日目なのですが、このときに女性の婚外性交渉（つまりは浮気）の割合がグッと増えていたのです。妊娠しにくい時期に女性が浮気する確率は、０％からせいぜい１～２％。ところが、妊娠しやすいピークの12日目には、４％近くに増えていました。

まあ、浮気するといっても４％ですから、大多数の女性は浮気をしないわけですが、数値だけを見れば、妊娠しやすい時期には普段の２倍くらい浮気してしまう確率が高くなるわけです。

ほかの男性の子どもを身ごもってはいけない、まさに最も危険なタイミングで、女性は浮気してしまいやすくなるのですから、これは注意しなければなりません。自分の月経周期がはっきりわかるのであれば、妊娠しやすいタイミングには、自分の気持ちがついフラフラしてしまいそうになることに気をつけましょう。

しかも、次の項でお話ししますが、実は、妊娠しやすいタイミングの女性は、男性にとってもなぜか「魅力的」に見えてしまうらしいのです。この時期には、自分では気をつけていても男性のほうから言い寄られることも増えるでしょうから、**出来心を起こしたりしないように、なおさら慎重に行動しなければなりません**。ほんの一時の気の迷いによって、大好きな恋人や夫との関係がおかしくならないように注意してくださいね。

男女が駆使する性の高等戦略

ストリップで働く女性は、当然仕事の対価として給料をもらいますが、お客からチップももらえます。ボーナスですね。給料のほうは固定で、毎月決まったぶんだけしか稼げないわけですが、自分の努力次第でお客からのチップは増減します。

ストリッパーにとって、お客からのチップはとても大切なわけですけれども、**毎月決まってチップをたくさん稼ぐことができるタイミングがある**のです。

米国ニューメキシコ大学のジェフリー・ミラーは、ストリッパーの女性に、毎晩どれだけのチップをもらったのかの記録をつけてもらいました。さらに、月経周期も教えてもらいました。すると、妊娠しやすい時期である9日目から15日目までのチップは、5時間のシフトで平均335ドルだったのですが、月経が終わった後の10日間（18日目から28日目）では、平均260ドルであることがわかったのです。ちなみに、月経前の5日間（1日目から5日目）が最もチップを稼ぐことができず、平均185ドルでした。この結果は、**妊娠しやすい時期の女性ほど、男性にとっては光り輝いて見える**ということを示しています。

　これはどういうことなのでしょうか。

　ミラーの分析によると、男性は自分の子孫を残すために、妊娠しやすい時期の女性に言い寄ったほうが効率が良いと考えるから、というのがその理由です。男性は、女性が発するフェロモンなどによって、妊娠しやすいかどうかを無意識的に判断し、妊娠しやすいとわかれば猛烈にアタックし始めるというわけですね。


「男性は本当にそんなことを考えているのかな?」と思われるかもしれませんが、実際のデータがこの仮説を支持しています。無自覚かもしれませんが、男性には妊娠しやすい時期の女性が魅力的に見えるのです。

　もちろん、この原理はストリッパーに限らず、ほかの女性にも当てはまります。もし身近な女友達などが、「今日はやたらに眩《まぶ》しく見えるな」と感じるのであれば、それは彼女が妊娠しやすい時期にあたるからかもしれません。ただし、それを尋ねたりするとセクハラになってしまいますから気をつけましょう。

　女性は女性で、妊娠しやすい時期には、「私は子どもを生むことができますよ」というアピールをして男性を惹きつけようとしますし、男性は男性で、「この人なら、自分の子どもを生んでくれそうだ」ということで言い寄っていきます。人間というのは、すごく高等な戦略を知らず知らずのうちに駆使しているのですね。

子どもの人気度を決めるのは

親がどんな育て方をするかによって、子どもが学校で人気者になれるのか、なれないのかが決まってしまいます。

そう聞けば、おそらく読者のみなさんはビックリされるのではないかと思います。けれども、これはれっきとした事実です。子どもは、ほかの人とどのように付き合えばよいのかを、親との付き合いによって学んでいきます。子どもにとって、親はとても重要な「見本」（モデル）なのです。

親が子どもに対してものすごく厳しく、批判的な態度で接していると、その子どもは、親が自分にするのと同じようなやり方で、クラスメートと接するようになってしまいます。そのため、ものすごく嫌われる子どもになっていくのです。

逆に、親が子どもに対して絶えず笑顔を見せ、楽しいことを口にし、子どもが嬉しくなるような言葉かけをしていれば、その子どもは学校でほかの子どもに同じことをしてあげるようになります。したがって、そういう子どもはクラスでの人気も高くなるのです。

オランダにあるネイメーヘン・ラドバウド大学のマジャ・デコヴィックは、１１２名の小学生と、その両親を対象にした研究をしています。

まずデコヴィックは、クラスメートで最も好きな人の名前を３人挙げてもらいました。また嫌いな子どもの名前もこっそりと３人挙げてもらいました。それらを集計して、子どものクラスでの人気度を調べました。

次にデコヴィックは、各家庭を訪れて、子どもと親の共同でパズルをやってもらいました。このパズルは７つのピースを組み合わせて図形を作るものですが、子どもにとっては難しい作業なので、親も手伝ってよいことになっていました。ただし、親は子どもに声をかけることは許されていますが、自分で触ってはいけません。パズルを触れるのは、子どもだけです。

このとき、親が子どもに「そうじゃないって言ってるだろう！」と厳しい声をかけたり、険しい表情を見せたりしたときには、「厳しい親」としました。逆に、やさしい笑顔で微笑みかけたり、子どもを笑わせるようなことを言ったりする親を、「受容的な親」としました。

その結果、**厳しい親の子どもはクラスで人気がなく、受容的な親の子どもはクラスでの人気が高い、という結果が明らかにされた**のです。

自分がどんな風に子どもに接しているかによって、子どもの人気が決まってしまうわけですから、もし子どもがクラスであまり人気がないのだとしたら、その責任は親にもあると言える

のかもしれません。

「親の背を見て子どもは育つ」と言いますが、子どもは、親がどんな風に自分に接しているのかを学び取って、同じことをほかの子どもにもやってしまうのです。**子どもが学校で楽しく過ごせて、人気者になってほしいのだと思うのなら、親も子どもに対して、やさしく接してあげることが重要**だと言えるでしょう。

「長生きできますように」

イギリスの人類学者であり、統計学者であり、探検家でもあり、遺伝学者でもあり、多彩な才能を見せた人物に、フランシス・ゴールトンという人物がいます。進化論で有名なダーウィンの従兄でもあったのですが、彼は茶目っ気溢れる研究をたくさん行っています。

たとえば彼がやった研究には、退屈な学会の講演では、出席者はどれくらい身体をモジモジと動かすのか、といったものがあります。結果、成人が退屈すると1分間につき1回の動きを示すことがわかりました。

また彼は、エプサム競馬場でダービー競馬を観ている観衆たちが、スタートと同時に顔色が紅色になり、レースが終わると同時に顔色が元に戻る、といった観察も行っています。

このように、普通の人にとっては、「どうでもいい」と思われるようなことを真剣に調べているのが、ゴールトンの面白いところです。

そんなゴールトンがやった研究のひとつに、「祈りの研究」があります。ここではこの研究についてご紹介しましょう。

何事に対しても徹底的に考えるのが好きなゴールトンは、あるときこう考えました。**「祈りには、本当に効果なんてあるのだろうか？」**と。

祈ることによって、健康になったり、寿命が伸びたりすることが実際にあるのだろうか、と疑問に思ったゴールトンは、もしそのようなことがあるのなら、職業で言えば聖職者が、ほかの職業の人よりもずっと長生きするはずだと考えました。なぜなら、聖職者は祈る時間が長いし、しかも熱心に祈るはずだからです。

さっそくゴールトンは、人名辞典を使って、職業別に人の寿命のデータを集めて比較してみました。

ところが調べてみると、ゴールトンの予想はまったくの大外れ。聖職者のほうが長生きするなどということはなく、むしろ**聖職者の寿命は、弁護士や医師よりも短いことがわかりました**。長く、熱心に祈ったからといって、長生きできるというわけではないようです。

もちろん祈ることには、人生の満足感を得るとか、幸福を感じるとか、いろいろな効用が少しくらいはあるのではないかとも思うのですが、とりあえずゴールトンの結論によれば、祈ったところで人は長生きできるわけでもない、ということらしいです。なんだか残念な結果をお教えしてしまって、すみません。

満月の日に増えること

ヨーロッパの各地に伝わる話によると、普段は人間の姿をしているのに、満月を見ると恐ろしい狼へと変貌し、人や家畜を襲うようになる人物がいるそうです。そういう人物は「狼男」と呼ばれています。

「そんなのは単なるおとぎ話だ」と一笑に付してもいいのですが、まったく何の根拠もないお話かというと、どうもそうではないようです。

もともと**人間は、満月を見ると気分が高ぶりやすくなり、他人に暴力を振るいたくなったり、公共物を壊したくなったりする**ことが知られています。これは**〝フルムーン効果（満月効果）〟**とも呼ばれています。そういうことを人間は経験的に知っていて、そこから各地の狼男の物語が生まれたのではないでしょうか。

米国オハイオ州にあるエッジクリフ大学のジョディ・タッソは、オハイオ州シンシナティの犯罪統計3万4318件を分析してみました。

満月の日とそれ以外の日を比較すると、**満月の日に、強盗や暴行などの犯罪が増えているこ**

とがわかりました。

普段から、なるべく夜はあまり外出しないほうがおかしな犯罪に巻き込まれなくて済みますが、満月の日にはなおさら夜の外出は控えたほうが良さそうです。フルムーン効果という現象が明らかになっている以上は、満月の日に出かけるのは危険です。「君子危うきに近寄らず」という言葉は、こういうときに使うのでしょう。

よほど大切な要件があるのなら出かけるのも仕方ありませんが、そうではないのなら、満月の日には、なるべく人に会わないようにするのもいいでしょう。満月になると、自分も感情的になりやすくなりますし、ついカッとなって人を殴ってしまうといった行為が増えるかもしれません。自分が被害者でなく、加害者にならないためにも、**満月の日にはできるだけおとなしくしておくのが無難**です。

夜空を見上げて、真ん丸なお月様が浮かんでいるのが見えたのなら、「今日はお酒を飲まずに、さっさと帰るか」と判断するのが、賢明な人間。夜遅くまで飲み歩いていると、どんな事件に巻き込まれるのかわかったものではありません。

１９８１年の「パリ人肉事件」や「深川通り魔殺人事件」は満月の前後に起きました。単なる偶然かもしれませんが、警戒しておくことに越したことはありません。

「悪夢ばかり見る」のは当たり前

「私は、いつも怖い夢ばかり見るんです」

「私は、悪夢に悩まされています」

せっかく眠るのなら、楽しい夢のひとつでも見られればいいのですが、悪夢ばかりで困る、という読者の方がいらっしゃるかもしれません。悪夢といっても、人に追いかけられたり、誰かに殴られたり、高い場所から落ちてしまったりと、その内容にはバリエーションがあるようですが、ともあれ気持ちの良いものではありませんよね。

けれども、そんなに心配することもありません。なぜなら、**悪夢を見るということは、人間ならごくごく当たり前に起きること**だからです。別に、自分一人だけが悪夢を見ているのではありません。夢を見る人は、たいてい悪夢を見ているのです。「私だけじゃないんだ」ということがわかるだけでも、少しは気持ちが軽くなるのではないでしょうか。

米国サンタ・クララ大学のジェリー・クロスは、既婚者、または同棲中の女性を対象にして、どんな夢を見るのかを調べてみたことがありました。

結果はというと、なんと**90％以上は「悪夢」でした**。詳しくその中身を見ると、別の男と一緒にいて罪悪感を覚える夢を見る人が18％、彼氏が自分の元から去って行ってしまう夢を見る人が73％です。

一方で楽しい夢を見る人はというと、こちらはグッと割合が減り、9％に過ぎませんでした。彼氏と仲良くしている夢は、あまり見ないようなのです。

幸せな夢を見ることができるのは、10人中1人もいない計算になるわけですから、そういう幸運は期待しないほうがいいでしょう。むしろ、「人間は悪夢を見るのが当たり前」だと思っていたほうが、悪夢を見ても気落ちさせずに済みます。

それでもやっぱり悪夢なんて見たくないというのでしたら、なるべく明るいことを考えながら眠りにつくといいでしょう。「明日の仕事はうまくいくだろうか」などと考えていると不安が募ってきて、寝つきが悪くなります。そういう状態では悪夢も見やすくなるでしょうから、**なるべくポジティブなイメージを思い浮かべながら眠る**ようにするのです。大好きな人とおしゃべりしている場面や、おいしいものを食べているイメージなどがいいのではないでしょうか。

また、日中にたくさん歩いて身体が適度に疲れていると、夢を見ることもなく、ぐっすりと眠ることができます。就寝前には、軽くストレッチをして身体をほぐしておくとか、そういうことでも気持ちの良い睡眠が取れるようになるでしょう。

第5章

こんなことまで扱う心理学研究

喜びの瞬間に無意識にしてしまうこと

高校野球では、ガッツポーズをすると審判に怒られてしまうという不思議なルールがあります。

プロ野球選手だって、ホームランをかっ飛ばしたときには喜んでガッツポーズするのが普通のように思われますが、なぜか高校野球ではＮＧ。逆転満塁ホームランを打とうが、ピッチャーが完全試合を達成しようが、飛び上がって喜んだりしてはいけないのです。

ガッツポーズをすることは、相手に対して失礼だ、という配慮もわからなくはありません。スポーツの世界には勝者と敗者がいて、敗者に気遣うことも大切だ、というのはわかるのですが、勝者に対して「喜んではいけない」というのも、逆におかしなことだと思います。読者のみなさんはいかがでしょうか。

心理学的に言うと、**ガッツポーズは、ほとんど無意識のうちに出てしまう喜びの感情表現**ですから、これはもう我慢できないのが当たり前ではないかと思います。人間なら誰でも夜になったら眠くなるのと同じで、とても嬉しいことがあったときには、人はガッツポーズをしてしまいます。それを我慢しろというのも酷な要求です。

スウェーデンにあるルンド大学のカリン・モーシュは、スウェーデンの最上位の女子ハンドボールリーグの、2011年と2012年シーズンの試合の分析をしてみました。公式リーグ8試合と、プレイオフの10試合です。

何を調べたのかというと、選手がシュートを決めた後に、喜びの表現をするかどうかです。喜びの表現とは、片手でガッツポーズ、両手でガッツポーズ、親指を立てる、拍手、仲間とのハイタッチ、などです。

モーシュが調べたところ、これらの**喜び表現は、普通の試合よりプレイオフの試合のほうが増えました**。なぜ増えたのかというと、それだけ得点を決めることが嬉しかったからです。レギュラーシーズンにおける試合でも、得点を決めれば嬉しいことは嬉しいのですが、プレイオフのほうが注目度は高いだけに、選手にとってはなおさら嬉しいですよね。なので、喜び表現が増えてしまうのだろう、とモーシュは分析しています。

プレッシャーがかかる中で、最高のパフォーマンスを見せることができた選手は、ほとんど無自覚のうちに、飛び跳ねたり、大声を出したり、ガッツポーズをとったりします。プレッシャーから解き放たれたときの快感は、選手にしかわかりようがありませんが、きわめて大きなものに違いありません。

高校野球では、「それを我慢しなさい」と言っているのですから、これはもうとんでもない暴挙と言ってもよいのではないでしょうか。よほど精神的に冷静沈着で、悟りでも開いたような人間でなければ、「喜ばしいときに喜んではいけない」などという要求に従うことはできないでしょう。

高校という所では、校則にもおかしなものが残されていることが少なくありませんが、高校野球にもおかしなルールが残されているようです。

くすぐったがりの人は○○上戸でもある

誰かに脇をくすぐられると、大きな声を出して身をよじる人がいます。手の甲を軽くなでられただけで、くすぐったくてたまらないと感じる人もいます。

米国カリフォルニア州立大学のアラン・フリードランドは、こういう「くすぐったがり（ticklishness）」の人は、つまらない冗談でも大笑いしてしまうような「笑い上戸」でもあることを確認しています。

フリードランドは、男女50名ずつの１００名に、どれくらいくすぐったがりなのかを尋ねました。たとえば、「子どものころからくすぐったがりだったか」「人から、『あなたはくすぐったがりだね』と言われた経験があるか」という質問をしたのです。こうして、くすぐったがりの度合いを測りました。その一方で、笑い上戸であるかどうかも教えてもらいました。

その結果、**くすぐったがりの人ほど、笑い上戸な人でもあることが判明した**のです。身体をくすぐられるとすぐに身をよじって逃げようとする人は、誰も笑っていないタイミングで大笑いしてしまう人でもあるのですね。

映画を観ていて、登場人物がものすごくつまらないダジャレを言ったとします。そんなとき、ほかの観客は誰も笑っていないのに、映画館中にこだまするほど大笑いする人がいたりします。心理学的には、おそらくその人は笑い上戸でもあり、くすぐったがりでもあるのだな、と予想できるのですね。

マッサージは一般に気持ちが良いことだとされていますが、くすぐったがりの人は、これもただくすぐったいだけで、気持ちが良いとは感じません。私は、肩こりや腰痛に悩まされていますが、それでも指圧にかかったりできないのは、極度のくすぐったがりだからです。

そして同時に笑い上戸でもあります。学生時代には、先生が時折口にするダジャレに、私一人が大笑いしていました（「愛知をあいちてる」とか「秋田にはもう飽きた」など）。ほかの学生は誰一人として笑っていませんでしたから、私は先生にとってのサクラ役のように思われていたかもしれません。いまでも年配の方がよくやるギャグで大笑いしてしまいますし、テレビを見ていると、たいして面白くもない芸人のギャグで大笑いしています。周囲の人たちには怪《け》訝《げん》な目で見られているのかもしれませんが、おかしくてたまらないので我慢もできません。

身体的にくすぐったくて笑ってしまいやすい人は、心理的なユーモアにも敏感に反応してしまうというわけです。身体と心は、密接に結びついているのですね。

人脈作りは期間限定の勝負

4月は出会いの季節です。学校ではだいたい4月に入学式がありますし、会社では入社式があります。この時期に、絶対にやっておかなければならないことがひとつあります。この時期でしかできないことがあるのです。

それは、友達づくりであり、人脈づくり。こればかりは、「秋になってから頑張ろう」とか「冬になったらスタートしよう」というわけにはいきません。とにかく**4月からの3カ月間が勝負**になります。期間限定の勝負ですから、ここで手を抜いてはいけません。

ドイツにあるフンボルト大学のジェンス・アセンドルフは、大学に入学した一年生を18カ月に渡って追跡調査してみたことがあります。入学した学生たちが、どのように人脈のネットワークを広げていくのかを調べることが、この研究の目的でした。

アセンドルフは18カ月も追跡調査したのですが、**ネットワークの拡大は最初の3カ月でほぼ頭打ちになってしまって、それ以降はほとんど増えないことがわかりました。**

友達をつくるのなら、とにかく最初の3カ月が勝負。それ以降は、増やそうと思っても、思うように増やせなくなります。

4月から6月くらいまでは、大学でも会社でも、歓迎会などのいろいろなイベントが企画されることが多いと思うのですが、それらのイベントには**親の葬式でもない限りは、とにかく片っ端から参加してください**。なぜなら、イベントを通じて人は友達になっていくからです。よほどの理由がない限りは、先輩からの飲み会の誘いも、すべて受けたほうがいいでしょう。この時期に誘いを断ってしまうと、二度と誘ってもらえなくなります。

また、この3カ月であれば、「私と友達になってください」とお願いしても、おかしくはありません。相手も喜んで、あなたとお付き合いしてくれるでしょう。ところが年末になってからお願いしても、相手には怪訝な顔をされてしまうでしょう。時期を逃してしまうと、知り合いになりたくとも、なかなかなれなくなるのです。

かくいう私も、いまだに付き合いのある大学時代の友人は、すべて大学一年生の最初の3カ月に知り合った人たちだけです。大学を卒業して20年以上経った現在でも、最初にできた友達、最初にお世話になった先輩と、いまだに付き合いがあります。

自分が先輩になったときにも、4月には後輩を誘ってお花見や飲み会に連れ出しましょう。この時期なら後輩を誘ってもおかしくありません。夏になってから、いきなり「飲みに行こう」と誘っても、おそらくはうまくいかないと思います。

ネコのボスにも人間のボスにも共通する特徴

ネコの世界では、顔が大きなネコほど「ボス」になりやすいといわれています。

ネコのオス同士が道端で出会うと、そのままケンカになるわけですが、そんなときにはたいてい「顔が大きいネコ」が勝つのです。お互いに口を開いたり、毛を逆立てたりして、できるだけ顔を大きく見せようとするのですが、最終的に顔が小さなほうが負けます。ネコの世界では、顔の大きさがモノを言うのです。

では、人間の世界ではどうなのでしょうか。やはり、「顔が大きな人」のほうが、生き馬の目を抜く熾烈な競争が行われているビジネスシーンで有利、といったことがあるのでしょうか。

実は、調べてみるとそうらしいのです。**顔の大きさで出世が決まる**などというと、「えっ、ウソでしょ!?」と思われるかもしれませんが、これは本当のお話です。

米国ウィスコンシン大学のエレイン・ウォンは、フォーチュン５００社（アメリカの優良企業５００社）の中に入っている企業のＣＥＯ（最高経営責任者）の顔写真を調べてみました。たいていのホームページにはＣＥＯの顔写真が載せられているわけですが、その顔写真を使って、横と縦の比率を調べてみたのです。比率は、大きくなるほど顔が横に大きくなり、全体的に大きな顔になることを示します。その一方で、それぞれの企業の2003年と2004年のROA（純資産利益率）も調べてみました。

すると驚くべきことに、**顔が大きいCEOが率いる会社のほうが、業績が良いことがわかったのです。**

顔が大きいCEOは、「ボス力」のようなものを発揮して、組織を効率よく動かすことができるのかもしれません。顔が大きいだけで、リーダーシップ能力も高そうに見える、ということもあるのでしょう。

最近は、男性でも、女性でも、「小顔」がブームとされています。

「ああ、なんで僕の顔ってこんなに大きいんだろう？」

「もっと顔が小さかったら良かったのに……」

そういう悩みを抱えている人はたくさんいらっしゃると思いますが、顔が大きいことにも、良い点はあるのです。顔が大きいからこそ、ボスになりやすいとか、仕事がうまくいくということもあるのですから、そんなに嘆く必要はありません。単なる気休めだと思われるかもしれませんが、「顔が大きいことにもメリットはあるんだなあ」ということがわかっていれば、それなりに悩みも解消されるのではないでしょうか。

第５章　こんなことまで扱う心理学研究

「グラウンド10周！」は体罰なのか

スポーツ界での体罰が、いろいろとニュースになっています。相撲部屋では、兄弟子が振るう暴力やしごきがいまだに根絶できないようですし、高校の部活動でも、生徒にビンタなどの体罰を加えて問題になる教師もいます。

殴ったり蹴ったりという物理的な体罰は、たしかに決して許されるものではありません。それでも、あらゆる罰がダメなのかというと実際にはそういうわけでもなく、罰の中には許されるものもあるらしいということが、心理学の研究でわかってきました。「グラウンド10周」とか、「その場で腕立て伏せ10回」といったものです。ようするに、**「罰としての運動」は、それなりに効果がある**ようなのです。

米国マサチューセッツ州にあるブリッジウォーター州立大学のリディア・ビュラックは、体育のコーチや教師が、学生たちにどれくらい「罰としての運動」をさせているのかを調べてみました。

その結果、90%以上の学生が、そういう事実があったと認めました。

ただし、学生たちがグラウンド10周といった罰が悪いことだと感じていたかというと、そんなことはありませんでした。なんと51％の学生は、「良かった」または「非常に良かった」と答えていたのです。また61・4％は、罰を「有益」または「非常に有益」だとも答えました。

罰としての運動は悪くて許せないものではなく、むしろ有益なことだからどんどんやったほうがいい、ということです。グラウンドを10周走らされることは、罰ではあっても、結局は自分の鍛錬になります。コーチが罰としての運動をやらせるとき、「そんなもの、やってられるか！」と反発する学生は少なく、53・6％の学生は、「言われた通りにちゃんと運動したい」と答えていました。

バットや竹刀でぶん殴るというのは論外ですが、手を抜いている選手がいたら、「その場で腕立て20回！」といった罰を与えるのは、体罰ではあっても、まだしも許される罰なのかもしれません。

私はあまり法律的なことに詳しくないのですが、「罰としての運動」もやはり日本では体罰になってしまうのでしょうか。平手打ちをして、生徒の鼓膜が破れてしまうというのは絶対的に許されません。それは完全に体罰だと思いますけれども、グラウンドを走らせるだけなら、ケガもしないはずです。そういう罰を与えるくらいなら、コーチには許されてもいいように思うのですが、やはり難しいのでしょうか。

長く現役を続けるバスケットボール選手

いろいろなスポーツで**「左利きの選手のほうが有利」**といわれることが多いですよね。野球のピッチャーも、「サウスポーのほうが有利」といわれていますし、サッカーでもボクシングでも、左利きのほうが有利だ、という話を聞いたことがあります。

それでは、バスケットボールに関してはどうなのでしょう。やはり、ほかのスポーツと同じく左利きが有利だったりするのでしょうか。とても素朴な疑問ですが、こんなことでもちゃんと調べられていて、文献にも残っているのです。

イギリスにあるノッティンガム大学のタイラー・ローラーは、1946年から2009年までのプロバスケットボール選手の記録を調べてみました。対象になった選手は、実に3647名に上りました。

ローラーがまず調べたのは、一試合あたりの得点。

これは、明らかに左利きの選手のほうが高い得点を挙げていることがわかりました。右利きの選手が6・72点のところ、左利きの選手は8・23点だったのです。

次にローラーは、フリースローのときに成功するパーセンテージも調べてみました。すると右利きの選手の成功率が69％だったのですが、左利きの選手は72％でした。ほんのわずかではありますけれども、ここでも左利き選手のほうが上であったと言えます。

さらにローラーは、現役選手としてやっていけるキャリアの長さについても調べてみました。すると、右利きの選手が５・７年だったのに、左利きの選手は７・８年でした。

結局、バスケットボールにおいては、**右利きの選手より、左利きの選手のほうが、選手としても優秀ですし、長く現役生活を送ることができる**、といってよさそうです。

もちろん、あらゆるスポーツで左利きが有利というわけではありませんし、左利きが不利に働いてしまうスポーツもあるでしょう。ただし、とりあえず、ことバスケットボールに関しては、左利きのほうが断然に有利だということが明らかにされたと言えます。

もしこれからバスケットを始めようと考えているのなら、左手をたくさん使って、左利きに矯正してみるのも悪くないかもしれません。プロ野球では、実は昔は右利きだったのに左利きに矯正したといわれる選手がいたりするのも、やはり左利きのほうが有利だと判断したからかもしれません。

ただし、日常生活においては、左利きはいろいろと不便なことがあります。そのため左利きの人は、小さなころに、お箸を持つのも鉛筆を持つのも右利きに矯正されたりします。私も左利きなので、右利きになるよう、小さなころに矯正されました。

左利きには、スポーツを含めて有利な点もたくさんあるとは思うのですが、それでも右利きに矯正されることが現実には多いのではないかと思います。最近は、あえて右利きに矯正せず、左利きのままにさせておく親も多くなってきているようです。左利きの良さが、少しは見直され始めたからなのでしょうか。

一緒に食事をすると食べる量が減る相手

ニワトリは、一羽でエサを食べさせるときには、すぐに満腹になってしまうそうです。ところが、ほかのニワトリと一緒にすると、一羽で食べるとき以上にエサをたくさん食べるのだそうです。

養鶏場では、たくさんのニワトリを一緒に飼育していますよね。そのほうが、ニワトリはたくさんのエサを食べて太ってくれるからなのです。

では、人間ではどうなのでしょう。ほかの人と一緒に食事させると、ニワトリと同じように、一人きりで食べさせるときよりも食が進むようになるのでしょうか。それとも周囲に人がいると、恥ずかしがったり緊張したりして、あまり食べなくなるのでしょうか。

男性は、女性の前では、健啖家《けんたんか》であることや、男らしいところを見せるために、たくさん食べそうなイメージもあります。豪快に食べて見せたほうが、女性ウケが良くなると思って、男性は一生懸命に食べてアピールするような気もするのですが、本当のところはどうなのでしょうか。

■図15 パトリシア・プライナーの実験結果

	男性の被験者	女性の被験者
男性のサクラと一緒に食べる	15.2枚	10.7枚
女性のサクラと一緒に食べる	13.6枚	13.2枚

※数値は食べたクラッカーの枚数を示す

ある実験によると、男性でも女性でも、**「異性と一緒のときには、そんなに食べない」**ということが明らかにされています。男性は、女性の前でたくさん食べるのかとも思いましたが、どうもそうではないようです。

カナダにあるトロント大学のパトリシア・プライナーは、お腹を空かせてやって来た大学生たちに、さまざまなトッピングのクラッカーを好きなだけ食べてよいという実験をしたことがあります。

ただし、同性または異性のサクラの学生と一緒に食べるのです。サクラの学生は、いつでも決まって15枚のクラッカーを食べることになっていました。

では、実際の被験者たちは、いったい何枚のクラッカーを食べたのでしょうか。その結果が図15です。

男性は、男性の前でならガツガツ食べますし、女性も、女性の前なら遠慮せずにムシャムシャ食べました。ところが、**異性を前にすると、やはり少し遠慮してしまう**ようです。

女性は、女らしさをアピールするために、男性と一緒だと控えめに食べるのは何となくわかるのですが、男性までもが、女性を前にするとあまり食べなくなってしまうのは、なぜなのでしょうか。理由はよくわかりませんが、不思議ですね。

「水着の自分」を見た後の女心

前項に続き、人が食べる量についての実験をご紹介します。それは服装の違いによって、食べる量が変わるかどうかを調べた実験です。

男性は、水着を着ていようが着ていまいが、そんなに食べる量がいきなり変わったりする、ということはありません。海水浴に出かけたとき、海の家の食事がマズくてあまり食べなかったということはあるかもしれませんが。お腹が空いていればたくさん食べますし、そんなにお腹が空いていなければあまり食べません。その意味では、自分の欲求に忠実だと言えるでしょう。

ところが、女性は違います。**女性は、水着を着ているときにはあまり食べなくなる**のです。

なぜなら、「見られる自分」を強く意識するようになり、少しでもスリムな姿をアピールしたいと思うようになってしまうからです。夏に女性と海に遊びに行くようなことがあれば、ぜひ彼女の食事を観察してみてください。普段のときよりも、はるかに少ない量しか食べなくなっているのが、みなさんにもわかるでしょう。

「もっと食べたほうがいいんじゃない？」

「それだけじゃ、足りないでしょ？」

「全然食べてないじゃない。それじゃ倒れちゃうよ」

男性は、女性が心配でそういう言葉をかけるのですが、女性にとってみれば大きなお世話以外の何物でもありません。水着を着ているときには、少しでもいいから痩せて見せたい、という女心をわかってあげましょう。


米国ミシガン大学のバーバラ・フレドリクソンは、消費者調査という名目で、女子大学生にワンピースの水着かセーターを試着してもらう、という実験をしたことがあります。

女性たちは、水着かセーターを着せられ、全身が映る鏡の前で自分の姿を見なければなりませんでした。それから商品を買うかどうかを判断するのです。もちろん、この消費者調査はインチキです。

本当の狙いは調査が終わった後にありました。フレドリクソンはたっぷりの食べ物を用意しておいたのです。「調査協力、ありがとうございました。お菓子やクッキー、チョコ味のドリンクなどを用意しておきましたから、好きなだけどうぞ」と勧めて、どれくらい食べるかをこっそり測定していたのです。

食べ終わった後で、どれくらいのお菓子や飲み物が減っているのかを調べてみたところ、直前に**水着を着せられたばかりの女性は、あまり食べないことがわかりました**。逆にセーターを着せられた女性は、あまり気にせず、たくさん食べました。

フレドリクソンは、男性にも同じ実験をしてみましたが、男性ではそういう差はありませんでした。男性は、水着になっていようがいまいが、好きなだけ食べるのです。

そういえば、女性は、水着ではなくとも、夏場になって薄着になると、やはりあまり食べなくなります。それだけ「見られる自分」を男性よりも意識しているということでしょう。女性はそれだけ気を遣っているのです。男性よりもはるかに気疲れしてしまうのはかわいそうだと思いますが、それが女心というものでしょう。

帽子を後ろ向きにかぶる人が増える場所

芸能人やタレントの中には、帽子のつばをわざと後ろに向けてかぶっている人がいます。

帽子のつばは、もともとは日よけのためにあるのであって、後ろに向けてしまったら用を足さなくなるはずです。にもかかわらず、**後ろに向けてかぶるということは、これはもう明らかに、「他人に見られる自分」を意識した行為**に違いありません。

「僕は、人とはちょっと違うんだよ」

「僕は、個性的な人間なんだよ」

という自己アピールのために、帽子のつばをあえて後ろに向けてかぶっているのではないでしょうか。つまりは、自己顕示欲を満足させる行為なのではないか、と考えられるわけです。

帽子のつばを後ろにしてかぶることが、言ってみれば「見せる行為」なのだとしたら、辺りに人が少ない所よりは、人の多い場所で増えるはずです。人がいない所でオシャレな自己アピールをしても、あまり意味がないからです。

では、実際のところはどうなのでしょう。

米国ニューヨーク州にあるセント・ジョンズ大学のジョン・トリンカウスは、大学のキャンパスと繁華街で、帽子をかぶっている407名の人が、どちらの方向に帽子のつばを向けているのかを調べてみました。

すると、**繁華街のほうがつばを後ろに向けている人が多いことが多かった**のです。調べたうちの43％がそういうかぶり方をしていました。大学のキャンパスでそういうかぶり方をしていたのは、12％です。大学のキャンパスにも人はいますが、繁華街ほどではありません。そういう場所ではオシャレをアピールする必要もないので、つばを後ろに向けることも少なくなるのではないかと考えられます。

帽子のもともとの機能は、日差しを避けるため。強烈な日差しから、身を守るために帽子が生まれたのです。ところが現代人にとっては、帽子は日よけのためという機能的な側面より、自分をオシャレに見せるためのアイテムになってしまっています。

私たちの服装は、おかしな方向に進化することがよくあります。もともとの機能が次第に失われ、オシャレを演出するアイテムになっていくのです。自分をオシャレに見せるためなら、本来の目的など、どうでもよくなってくるのですね。

犯人に立ち向かうことのできる人とは

飛行機のハイジャック、銀行強盗、人質立てこもり事件などの凶悪犯罪に巻き込まれたとき、犯人に勇敢に立ち向かうことができればこんなにカッコ良いことはありません。ニュースにも、英雄扱いで取り上げてもらえそうです。

とはいえ、実際に勇敢に立ち向かえるかというと、おそらくはムリでしょう。身体が震えるばかりで、きっと何もできないと思います。

けれども、怖いときには、何もできなくて当然なのです。

「なんて自分は情けない男なんだ」

「なんて自分はダメなヤツなんだ」

と、自分を責める必要はどこにもありませんし、**立ち向かえなかったとしても、「腰抜け」とか「弱虫」ということにはなりません**。どうぞ安心してください。

米国ペンシルバニア州立大学のテッド・ハストンは、凶悪犯人に立ち向かい、表彰をされたことがある32人について調べてみたことがあります。

ハストンは、表彰された人と年齢や学歴、性別などが近い人たちも155名集めて、彼らとの違いを比較してみたのです。すると、面白いことがいくつかわかりました。

まず、勇敢に立ち向かう人の身長は、比較のグループに比べて高いことがわかりました。勇敢な人たちの平均身長は180・8cmで、比較グループは176・7cmだったのです。

また体重はというと、勇敢な人たちは79・8kgで、比較グループは73・0kgでした。

つまり、**犯人に立ち向かえた人は、「体格が良い人たち」**なのです。小柄な人や普通の人が勇気を出して立ち向かったというよりは、もともと体格が良くて、がっちりしている人だけが立ち向かえたのです。

ハストンは、勇敢な人たちに「あなたはどうして犯人に立ち向かえたのですか?」とも尋ねてみたのですが、「自分なら何とかできると思った」という答えが返ってきました。彼らは身体が大きいので、そう思ったのでしょう。

また、「何か特殊な訓練を受けた経験はありますか?」とハストンが尋ねたところ、**勇敢に立ち向かえた人たちの62・5%は、「人命救助の訓練」を受けた経験がありました**。比較グループでは31・3%しか受けた経験がありません。それに、勇敢に立ち向かえた人たちのグループでは、**「応急処置の訓練」についても、87・5%が経験していました**(比較グループは62・5%)。

さらに、**「護身術」を学んだ経験も53・1%の人がありました**(比較グループは31・3%)。

つまり、凶悪犯に立ち向かえた人たちは、もともとの体格が良いということに合わせて、さらにいくつかの訓練を受けた経験もあり、「自分ならできる」と思ったから、犯人に飛びかかったまでなのです。決して「自分にはムリだ」と思いながらも、勇気を奮い起こして飛びかかっていったわけではないのです。

もし読者のみなさんが、たまたま凶悪事件に巻き込まれ、その際に何もできなかったとしても、それは当たり前のことですから、そんなに気に病む必要もありません。ムリに勇気を出そうとせず、おとなしくしているほうが賢明でしょう。

身長が１８０㎝以上で体重が80㎏くらいあるとか、空手やボクシングを習っていた、というのなら話は別ですが、そうではないのなら、犯人に立ち向かえなくとも全然不思議なことではないのです。

大勢の前で話すときに緊張をほぐす方法

大学の講義では、基本的に学生は教室の好きな席に座っていいことになっています。高校くらいまでは自分の座席がしっかりと決められていますが、大学生にもなると自由になるのですね。

さて、大学で教えている先生なら、学生がどんな座席を選ぶのかには、あるルールがあることを経験的に知っているでしょう。それは、**「サボっている学生ほど、後ろに座りたがる」**というルールです。だいたい教室の後ろのほうに座っている学生は、講義など受けたいとは思っていませんし、先生のことが嫌いですし、時間が早く過ぎてくれればいいな、と思っています。これはほぼ間違いありません。

私もこれは何となくそうだろうなとは思っていましたが、実際にきちんと調べてみた研究者がいます。米国カリフォルニア州立大学のプライア・ラギュバーです。

ラギュバーによると、やる気がない学生は、「いちばん後ろ」に座りたがるそうです。後ろのほうでこっそりしていたい、ということなのでしょう。

ほどほどのやる気がある学生は、「真ん中」を選び、最もやる気がある学生は「最前列」の座席を好むようです。またラギュバーによると、「教授に自分のことを覚えてほしい」というアピール願望がある学生も、やはり最前列に座るそうです。

そういえば、セミナーや講演会でも、このルールは当てはまります。

前のほうに座っている人は、だいたい熱心な参加者なのですが、後ろのほうに座っている人たちは、そんなに話を聞きたくもないとか、ムリヤリに参加させられたといった人のほうが多いようです。

そこで私がセミナーをするときには、前のほうに座っている参加者に向かってだけ、話しかけます。前のほうの参加者はこちらに対しても好意を持っていることが多いので、にこやかな笑顔を見せてくれるからです。セミナーの最初のうちでは自分も緊張していますから、自分のファンやサポーターに向かってだけ話しかけたほうが、緊張がほぐれていいのですね。

そのうち、慣れてきたら会場の後ろのほうに座っている人たちに向かっても視線を向けたりしますが、それまでは前のほうの人たちを相手にしていたほうが、自分も落ち着きます。

落語家の人たちや、お笑い芸人の人たちもそうで、最初はとにかく前のほうのお客に向かってだけ話しかけます。「客いじり」というやつなのですが、それをすることによって緊張をほぐしているのかもしれません。

大勢の人の前でスピーチをするようなときには、前のほうの人だけに向かって話しかけてください。そうすれば緊張せずに済みます。後ろのほうの人というのは、だいたいつまらなそうな顔をしていたり、興味がない顔をしていますから、そういう顔を見ると、余計にパニックになってしまうのです。

野次馬の〝からかい行動〟

路上で酔っ払いがケンカを始めると、周囲には野次馬《やじうま》が集まってきます。そうして野次馬が「もっとやれ、もっとやれ！」とはやし立てることで、ケンカの当事者はさらに熱くなっていくものだ、とされています。

いじめもそうで、野次馬が周囲にいる状況では、いじめている人がさらに調子に乗って激しくいじめるようになるものだ、と言われています。

そういう野次馬の行動を、心理学では**〝からかい行動〟**と読んでいるのですが、果たして本当にそういう現象が見られるものなのでしょうか。野次馬がたくさん集まってくるとそうした現象が起きるというイメージはあるのですが、単なるイメージに過ぎないということも、あるのではないでしょうか。

オーストラリアにあるフリンダース大学のレオン・マンは、野次馬のからかい行動について調べています。

マンは、まず『ニューヨークタイムズ紙』で、「飛び降り自殺」と「自殺未遂」というキーワードから記事を調べ、その中で観衆についても述べているものを抜きだしたのです。自殺関連の記事は全部で１６６件ありましたが、そのうち観衆についても触れられているものは21件でした。これを分析してみたのです。

結論から言うと、観衆の**からかい行動はあまり見られませんでした**。

自殺を試みる人が、建物のベランダから外に出てきて、下に野次馬の観衆が集まってきても、「早く飛べ！　早く飛べ！」とはやし立てるケースは、わずか17％だったのです。

ただし、詳しく見ると、からかいが起きやすい状況があることもわかりました。

まず、からかいが起きやすいのは、昼間よりも夕方の６時以降です。昼間はわりと野次馬も冷静で、理性的だと言えるでしょう。

また、建物の高さが「12階より下の階」のときに、からかいが起きやすいこともわかりました。それよりも高い所から自殺を試みようとする人とは、下にいる野次馬との距離があり過ぎて、からかいがいがないということでしょうか。

さらに気温で言うと、「暑い日」にからかいが起きやすいこともわかりました。気温が高いと、それだけ人間はムシャクシャしやすくなりますから、他人をからかうことでうっぷんを晴らしたいと思うのかもしれません。

そして、「経過時間」も重要でした。自殺を試みる人が、野次馬から注目され始めてからの経過時間が長くなると、からかいも起きやすくなったのです。

これらの条件が整うとからかいが起きやすくなるとはいうものの、基本的には、野次馬が集まったからといって、絶対にからかい現象が起きるのかというと、そうとも言えないようです。

その意味では、野次馬の人たちもそれなりに理性的であると言えるでしょうか。

日本人は世界一慌ただしい？

私たちが、普段どのようなペースで行動しているのかについて、**〝生活ペース〟**という心理学用語があります。

たとえば仕事をするにしても、街中を歩くにしても、食事をするにしても、ゆったりとしたペースで行動する人もいれば、せわしなく行動する人もいるでしょう。

世界を見ると、のんびりした生活ペースの国民もいれば、慌ただしく行動する国民もいます。では、生活ペースという基準で見ると、**慌ただしい国民はいったいどこになるのでしょうか**。

米国カリフォルニア州立大学のロバート・レヴィンは、日本、台湾、インドネシア、イタリア、イギリス、アメリカにおける、人口41万5０００人から61万5０００人の大都市で、生活ペースを比較するという研究を行っています。

レヴィンは、それぞれの国の生活ペースを調べるため、とりあえず3つの基準での測定を行うことにしました。

①空いている歩道で、１００フィートを歩く人の速さ（昼間、都市部の2箇所で行いました）。
②銀行の壁にかけられた時計の時刻の正確さ（電話の時報サービスを聞いて、正確な時間からどれだけズレているのかを調べました。全部で15の銀行をランダムに選びました）。
③郵便局で5ドル相当の切手を頼んで、出てくるまでの時間（働く人が、どれだけ機敏に対応してくれるのかを調べました）。

では、この3つの基準での生活ペースが速い国民はどこだったのでしょうか？

だいたい予想できると思いますが、**栄えある第1位は、われらが日本でした**。日本人は、せかせかと早足で歩きますし、時間にはうるさいですし、仕事はスピーディだったのです。それだけ生活テンポが速いと言えるでしょう。

レヴィンの調べたランキングでは、2位がアメリカ、3位イギリス、4位台湾、5位イタリア、6位インドネシアでした。イタリアや、インドネシアの国民は、ほかの国民に比べて、のんびりとした生活ペースで行動しているようです。

もちろん、違った基準で測定をすればランキングが変動することも十分に考えられますけれども、これはこれで面白い研究だと言えます。ただし、どんな基準で測定しても日本人が1位になってしまいそうな気がするのは、私だけでしょうか。

人に好印象を与えたいならば

きちんとクリーニングされた**真っ白いシャツを着ていると、誰でもいい男に見えます**。清潔感があって、好ましい印象を与えたいのであれば、とにかく白いシャツを着ましょう。そうすれば、男ぶりが2割くらいアップして評価してもらえるかもしれません。

米国ノースダコタ州立大学のブライアン・メイヤーは、「なぜ、いい男は白いシャツを着るのか?」というタイトルの論文を『サイコロジカル・サイエンス』誌に発表しています。

ただし、「いい男は、白いシャツを着る」というのは、因果関係の順番が逆さまになっている、というのがメイヤーの主張です。つまり、**いい男が白いシャツを着るのではなく、白いシャツを着ていれば、誰でも「いい男に見える」**というのですね。

私たちは、「白」という色に対して好ましい印象を持っています。純粋、神聖、正義、清潔、無限、新鮮、清純、平和、善、明るさ、無垢、透明感、などのイメージがあるのです。そのため、白いシャツを着ているだけで、「性格も良さそう」に見えてしまうのです。本当の性格はそんなに良くなくとも、白いシャツを着ている人は、もともと白という色が持っている好ましいイメージと結びつけられて、印象が良くなるのです。

ちなみに、メイヤーによると、**「黒色」を身につけていると、ネガティブな印象を与えてしまう**そうです。「腹黒い」などという言葉もありますが、私たちは黒っぽい服装の人を見ると、「この人は陰気なんだろうな」と自動的に判断してしまうのです。

さらにメイヤーは、集合写真で「後ろ」のほうにいる人よりは、「前」にいる人のほうが、やはり好ましい印象を与えるとも述べています。私たちにとっては、後ろよりも前のほうが明るいイメージがあるので、前にいるだけで好ましく評価してもらえるのだそうです。

人に好かれるのは、実はそんなに難しいことではありません。ただ白いシャツを身につけて、後ろに引っこんでいるのではなく、前に前に出ていけばいいのです。それだけでも、けっこう人に好かれます。

日本人にとっては、白だけでなく「青」も好ましい印象を与える色だということがわかっています。ですから白いシャツだけでなく、青のシャツも服装のバリエーションに加えておくといいかもしれませんね。私も仕事のときには、青と白のストライプのシャツを好んで着るようにしていますが、そういう明るい服を着ているだけで、人柄も明るそうに見えて、悪い印象を与えないようです。ぜひ読者のみなさんもお試しください。

アーティストとしての評価が高まる服装

私たちは、普通の人がやらないような奇抜な服装や奇特な行為をしている人を見ると、その人のアーティストとしての才能を高く評価してしまうようです。「おかしな人」と「アーティスト」のイメージが重なり合っているからでしょう。

イギリスにあるサウサンプトン大学のウィーナード・ファン・ティルバーグは、レディ・ガガのアーティストとしての才能を評価してもらう、という実験をしました。ただし、半分のグループには、レディ・ガガが奇抜な黒の服を着て、ピカピカのマスクをしている写真、もう半分には普通の黒のスーツを着ているレディ・ガガの写真を見せました。

その結果、**奇抜な服装をしているときのほうが、レディ・ガガのアーティストとしての才能は高く評価されることがわかった**のです（図16）。

この実験データは、レディ・ガガが奇抜な服装を好んで着ているために、アーティストの才能が水増しされて評価されているかもしれない、ということを示しています。もしレディ・ガガが普通の人と変わらないような服装をしていることが多かったら、そんなに評価もしてもら

■図16 ウィーナード・ファン・ティルバーグの実験結果

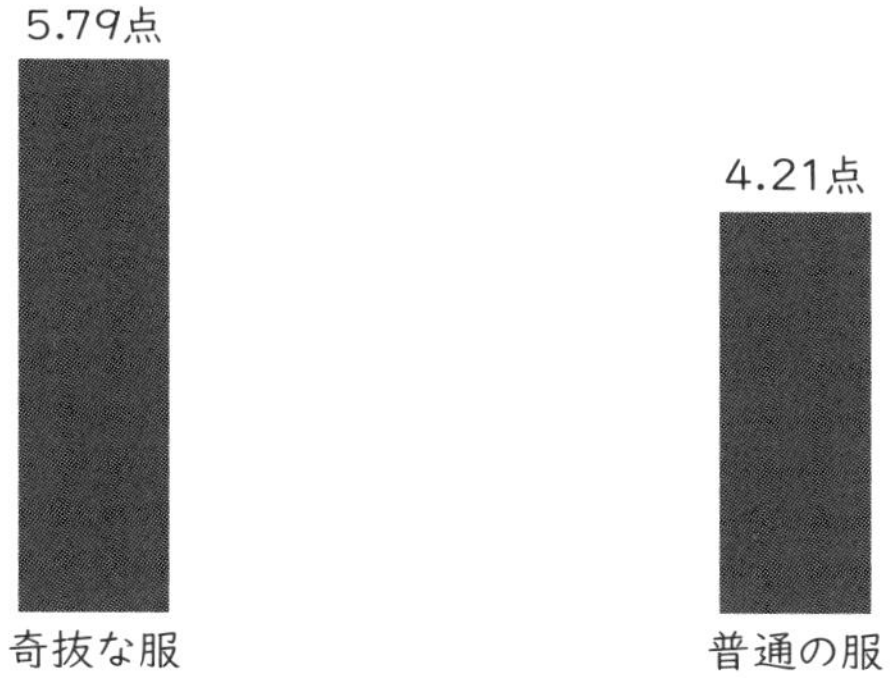

※数値は7点満点。7点に近いほど、「アーティストの才能が高く評価された」ことを示す

えなかったかもしれません。

また、奇抜な行為をする人も、やはり芸術家としての評価を高めるようです。

ファン・ティルバーグは、ヴァン・ゴッホの有名な絵画「ひまわり」を評価させるという実験もしているのですが、「ゴッホは左耳を自分で切り落としたのです」という奇特なエピソードを聞かせてから評価させたグループでは、「ひまわり」を高く評価するという実験も行っています。

もし**アーティストとして自分を売り込みたいのだとしたら、とにかく奇抜な服装や奇特な行為をすればいい**のです。そうすれば、ほかの人は、あなたにはアーティストの才能があるだろうと、勝手に思い込んでくれます。

長い行列に割り込むコツ

「行列に並ぶのが好きだ」という人は滅多にいません。仕方なく並ぶことはあっても、わざわざ行列に並ぼうとする人はいないはずです。

「うわっ、こんなに並ぶのかよ!!」と長蛇の行列を見てウンザリすると、悪だくみの心が芽生えます。「最後尾からきちんと並ぶのではなく、割り込みをしちゃえばいいんじゃないか」と考えてしまうのです。すでに並んでいる人からすればたまったものではありませんが、そんなことを考えてしまうのが人間です。

本当は良くないことなのでしょうけれども、ここでは行列に割り込むときのポイントをお教えします。

ひと言でいうと、「あまり欲張らないこと」です。いくら並ぶのが我慢ならないとはいっても、行列のいちばん前まで歩いていって、そこに割り込もうとしてはいけません。そんなことをすれば、すぐに後ろの人から怒号が飛んでくるでしょう。

行列に割り込むときのポイントは、ちょっとだけ後ろに割り込むことです。欲張って前のほうに行くのではなく、少しだけ後ろに割り込むのです。もちろんそれでも後ろの人たちからすれば腹立たしいことには変わりませんが、前のほうに割り込むよりは「まだしも許される」ところがあるのですね。

「本当なのかな？」と思われるかもしれませんが、それは米国ニューメキシコ大学のマリー・ハリスの実験によって、きちんと確認されています。

ハリスは、銀行やレストラン、空港の搭乗口など、12人以上の行列を見つけると、実験を開始しました。2番目の人の後ろか、12番目の人の後ろに割り込みを試みたのです。

そして、すぐ後ろの3番目あるいは13番目の人からどのように対応されるのかを確認してみました。具体的には、「おい、みんな並んでるんだから、きちんと後ろに並べよ」と言われたり、黙って手で押しのけられたりされるかどうかの割合をカウントしてみました。

その結果、行列の2番目に割り込んだ場合には、60・6％の確率で妨害されました。ところが**行列の12番目に割り込んだときには、妨害される確率がグッと減りました**。なんと35・0％です。6割から7割は、割り込みが成功したのです。

行列に並んでいる人たちは、当然イライラしています。そんな中で割り込みをしようとすれば暴力を受ける危険性もあるわけで、とてもリスキーです。

したがって、仮に割り込みをするにしてもほんのちょっぴりは遠慮して、あまり前のほうに

行き過ぎないことが肝要です。途中から割り込むのであれば、それでも35％の確率ではじき出されることにはなるのですが、割り込みに成功する確率のほうが高いと予想できます。

もちろん、すでに行列に並んでいる人のことを考えれば、できるだけ割り込みなどはしないで、きちんと最後尾から並ぶのがマナーでしょう。

好きな絵画からわかること

私たちがどんな絵画を好むのかは、自分がどんな思考スタイルで物事を考えているのかによって決まります。

私たちの思考スタイルは、大雑把《おおざっぱ》に言って2つに分類することができます。「具体的に物事を考える」タイプと、「抽象的に物事を考えるタイプ」です。たとえば、「日本経済が不況」というニュースを聞いたとき、「そういえば、デパートの商品も売れなくなってきたよな」というように、身近な事例で考えるのが好きなタイプが具体的思考タイプです。抽象的思考タイプの人は、「世界の株安が原因なのかもしれない」といった、より抽象度の高い思考をします。

ドイツにあるハイデルベルク大学のマーク・グリドレーは、絵画の好みは自分の思考スタイルによって変わるのではないか、という仮説を立てました。

そして、この仮説を検証するため、59名の絵画コレクターを集めました（平均59・5歳）。彼らに思考テストを行い、具体的思考タイプか、抽象的思考タイプかを調べる一方、彼らが具象画を好むのか、それとも抽象画を好むのかも教えてもらいました。

■図17 マーク・グリドレーの実験結果

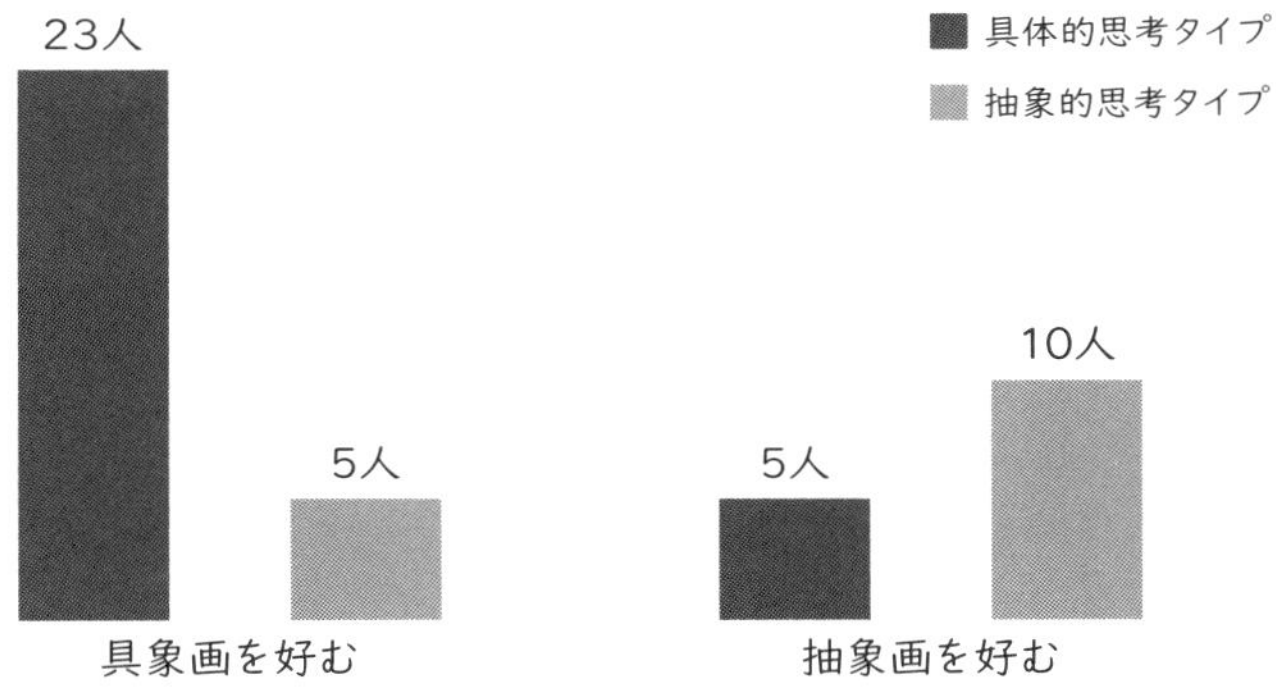

※数値は実数（人数）を示す

すると、図17のような結果が得られました。**具体的な物事や事例で考えるのが好きなタイプは、具象画を好みました。逆に、抽象的思考タイプは、抽象画を好むことが明らか**です。

美術館を訪れて、具象画の前でじっと絵画を見つめている人がいるとしたら、その人は、おそらく具体的思考スタイルの人でしょう。抽象画を好んで見ている人は、抽象的思考スタイルの持ち主です。

その人がどんな絵画を好むのかを教えてもらえれば、その人の思考スタイルも、ある程度までは読めると言えるでしょう。

「犬は飼い主に似る」は本当か

公園で犬を散歩している人を眺めていると、面白いことに気づきます。

連れているワンちゃんと、その飼い主が、何となく似ているように感じるのです。ブルドッグを連れている飼い主は、やはりブルドッグのような感じがするものですし、ゴールデンレトリバーを連れているのは、どことなく上品でやさしい印象の人が多いものです。

米国カリフォルニア州立大学のマイケル・ロイは、本当にワンちゃんと飼い主が似ているのかどうかを調べる実験をしてみました。

ワンちゃんの飼い主45人に頼んで、自分とペットの写真を1枚ずつ持ってきてもらったのです。なお男女の内訳は、男性が21名、女性が24名で、平均年齢は36歳でした。その写真をバラバラにしたものを、別の判定員にマッチングしてもらうという実験をしたのです。

さて、判定員は正しく一致させることができたのでしょうか。

ワンちゃんが純血種の場合、25組中16組で正しく一致させることができました。64%の正答率です。ただし、非純血種の場合には、20組中7組しか、正しく一致させることができません

でした。35％しか正しい組み合わせができなかったのです。

ロイによると、オーナーはおそらく、自分に似ているワンちゃんを無意識のうちに気に入って、ペットに選んでいるのではないかと解釈しています。**「犬は飼い主に似てくる」のではなく、「もともと似ている」のが正解**なのです。自分に似ていないワンちゃんを、人は飼おうと思わないのですね。


犬を飼っている人の中には、友人から譲ってもらったとか、どこかで捨てられていたものをかわいそうに思って拾ってきた、という人もいるでしょう。そういう場合には、飼い主とワンちゃんはあまり似ていないかもしれません。しかし、ペットショップで、自分で選んで購入してきたという場合には、おそらくそのワンちゃんと飼い主は似ていることでしょう。

人間にとって、いちばん好きなのは、「自分」。

そのため、ペットを選ぶときにも、無意識のうちに、自分に似ているものを選ぶ傾向があります。これは無意識の心の働きによるので、本人は気づいていないかもしれませんが、周囲の人からみれば、「やはり似ている」ということになります。

連れているワンちゃんが、あまりにも飼い主そっくりなのでつい吹き出してしまいそうになることがあるかもしれませんが、「人間は自分がいちばん大好き」という心理メカニズムを知っていれば、ワンちゃんと飼い主が似ていても、特に驚くようなことでもありません。

派手な車に乗っているのはどんな人？

ワンちゃんと飼い主は似ているという話をしましたが、自分に似ているから選ぶというのであれば、モノについても同じことが言えるのではないでしょうか。

実はそれを裏付ける実験もあります。その対象は自動車でした。私たちは**車を選ぶときも、どうも自分と「似ている」ものを選ぶ**らしいのです。

ドイツにあるヴュルツブルク大学のゲオルグ・アルパースは、ハイウェイのパーキングで休んでいる60名の自動車のオーナーにお願いして、その人の上半身の写真と、自動車の写真を撮らせてもらいました。それを20名の判定者に見せて、正しいペアにできるかどうかを実験してみたのです。

判定者はまず、オーナーの写真を見せられました。次にその人の自動車と、ランダムに選んだ別の人の自動車を見せられ、どちらがオーナーの自動車なのかを当てるのです。

２つの自動車から正しい組み合わせになるような選択をするだけですから、適当に選んでも50％は当たります。しかし実験の結果、偶然以上の確率で当てることができるということがわかりました。判定者たちは、**68%の確率で正しいペアを見抜くことができた**のです。

アルパースは、オーナーたちに、「どうしてこの車を選んだのですか?」と尋ねていたのですが、「自分にピッタリだと思ったから購入を決めたんだ」と答えていたオーナーでは、さらに正答率が高まることもわかりました。

ワンちゃんと同じように、私たちは無意識的に自分によく似た自動車を選ぶのです。

シャープな顔立ちの人は、やはりシャープな形の自動車を好むものですし、丸っぽい体型の人は、丸っぽい形の自動車を気に入りやすいと言えます。性格が派手な人は、やはり派手なオープンカーを好むでしょう。大型車を好む人は、やはり体型が大柄であったり、性格が大らかであったりします。コンパクトな自動車を好む人は、体型が小柄であったり、あるいは性格的に実利主義だったりするものです。

もちろん、すべての自動車のオーナーが、自分に似ている自動車を選ぶというわけではありません。自動車の購入に当たっては、予算ですとか、燃費ですとか、いろいろなことを勘案するものですから、「あまり乗りたくはない」という自動車に乗らざるを得ないことも現実にはよくあります。

けれども、自分の気に入った自動車を選んだという場合においては、その自動車とオーナーは、やはりどこか似ているはずです。

「この自動車の持ち主は、いったいどんな性格なんだろう？」と考えながら、スーパーやデパートに駐車してある車を観察してみるのも、観察力を養う上でのいいトレーニングになるかもしれません。

長生きする人が日記に書く言葉

「神さま、いつもありがとうございます」

「今日も気持ちの良い天気だな。お天道さま、ありがとう」

こういうポジティブな言葉を普段から口に出すのは良いことです。ウソでもいいのでポジティブな言葉を口に出していれば、実際に、気分もポジティブなものに変わっていきます。そのため、陽気な人生を送ることができるのです。信じられないかもしれませんが、本当に長生きもできるようになります。

米国ケンタッキー大学のデボラ・ダナーは、ノートルダム寺院にいる１８０名の尼僧の日記を調べてみたことがあります。

尼僧は、自分の身の回りの出来事や感想などをつづった日記をつけていました。ダナーは、日記に「今日も幸せに過ごせて嬉しい」といったポジティブな言葉がたくさん見られるグループと、「今日はとにかく疲れた」といった愚痴や不満の多い日記をつけているグループに分けて、85歳と93歳時点での生存率を調べてみたのです。

■図18 デボラ・ダナーによる調査結果

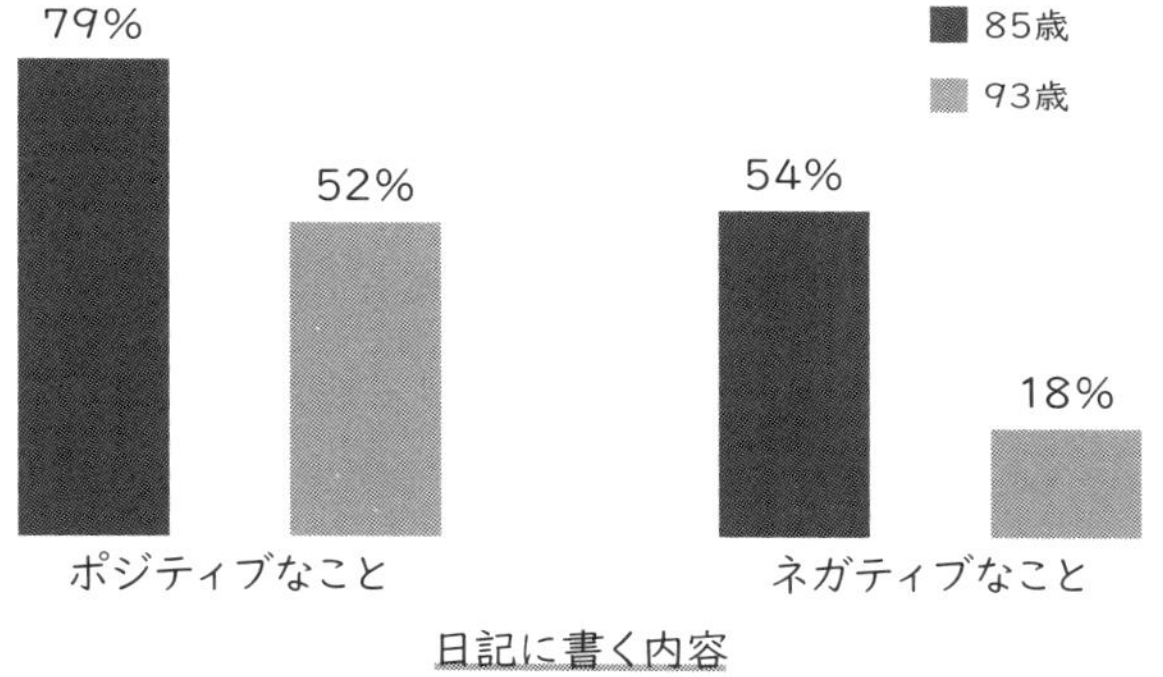

※数値は生存率を示す

その結果は図18のようになりました。85歳の時点でも、93歳の時点でも、**ポジティブなことを日記に書きつづっているグループのほうが、生存率が高い**ことがよくわかります。

愚痴や不満、文句ばかり言っている人は、自分で自分の寿命を短くしているようなものです。これでは長生きできません。

ウソでもいいから、いつでもポジティブな言葉を口に出してください。「私は、幸せ者だ」「私は、なんて幸せなんだ」と口癖のように言っていれば、本当に幸せな気分になってきます。ぜひお試しください。

あとがき

「心理学の研究って、本当にバラエティに富んでいるんだなあ」

「心理学って、本当にどんな領域もカバーしている学問なんだなあ」

読者のみなさんに、そんな感想を持っていただけたのだとしたら、著者としてこんなに嬉しいことはありません。

心理学という学問は、本当に奥の深い学問です。何しろ心理学の研究をかれこれ20年以上もやっている私が、いまだに驚いたり、興奮したりする論文に出会うのですから。「うわっ！すごいな、この研究は！」と度肝を抜かされることが少なくありません。これは大げさに言っているのではなく、興味深い論文に出会うたび、子どものように大興奮しています。

心理学という学問は、本当に面白い学問であるはずなのですが、専門書は難し過ぎて、おそらく一般の人にはとても読みこなせません。読者に理解してもらえるような書き方もしていませんので、とても歯が立ちません。

では一般向けの心理学の本はというと、どれもこれも似たり寄ったりの内容になっていて、面白くありません。2、3冊もポップな心理学の本を読むと、もう飽きます。それにまた、一般向けの心理学の本には、裏づけとなるデータに乏しく、なんだか怪しいと思われるものが少なくありません。

著者が単なる思いつきで書いているような本は、とても「心理学」とは呼べないものなのですが、「○○心理学」という立派なタイトルがつけられていたりします。こういうのを「看板に偽りあり」と言うのだと私は思うのですが、そういう本はいくらでもあります。

そんな不満を前から感じていたところ、総合法令出版の久保木勇耶さんから、「一般の人でも手軽に読めて、それでいてしっかりと証拠となる論文に基づいた本を書いていただけませんか？」という依頼を受けました。

私もそういう本を書きたいと思っておりましたから、本当に渡りに舟ということで喜んでお引き受けして執筆いたしました。あまり構成にはこだわらず、とにかく幅広い心理学の領域からデータをかき集めて、雑多なごった煮のようにして出来上がったのが本書です。

今回、このような素晴らしい企画をご依頼いただいた久保木勇耶さんには心より感謝いたします。この場を借りてお礼を申し上げます。本当に楽しく仕事をさせていただきました。

最後になりましたが、読者のみなさまにもお礼を申し上げます。これだけの分量の本を読むのは疲れると思うのですが、それだけ読み応えもあったのではないかと思います。最後の最後まできちんとお読みいただき、お礼を申し上げます。ありがとうございました。

本書がひとりでも多くの方に読んでいただけることを祈念して、筆を置きます。

内藤誼人

Journal of Psychology ,93, 81-83.

Todorov, A., Mandisodza, A. N., Goren, A., & Hall, C. C. 2005 Inferences of competence from faces predict election outcomes. Science ,308, 1623-1625.

Trinkaus, J. 1994 Wearing baseball-type caps: An informal look. Psychological Reports ,74, 585-586.

Van Tilburg, W. A. P., & Igou, E. R. 2014 From Van Gogh to Lady Gaga: Artist eccentricity increases perceived artist skill and art appreciation. European Journal of Social Psychology ,44, 93-103.

Veneziano, L., & Veneziano, C. 2000 Should there be a duty to report crime? Psychological reports ,87, 423-430.

Wegner, D. M., Fuller, V. A., & Sparrow, B. 2003 Clever hands: Uncontrolled intelligence in facilitated communication. Journal of Personality and Social Psychology ,85, 5-19.

Weinstein, N. D. 1980 Unrealistic optimism about future life events. Journal of Personality and Social Psychology ,39, 806-820.

Williams, K. D., Nida, S. A., Baca, L. D., & Latane, B. 1989 Social loafing and swimming: Effects of identifiability on individual and relay performance of intercollegiate swimmers. Basic and Applied Social Psychology ,10, 73-81.

Wong, E. M., Ormiston, M. E., & Haselhuhn, M. P. 2011 A face only on investor could love: CEO's facial structure predicts their firms' financial performance. Psychological Science ,22, 1478-1483.

Worringham, C. J., & Messick, D. M. 1983 Social facilitation of running: An unobtrusive study. Journal of Social Psychology ,121, 23-29.

Zullow, H. M. & Seligman, M. E. P. 1990 Pessimistic rumination predicts defeat of presidential candidates 1900 to 1984. Psychological Inquiry ,1, 52-61.

Nida, S. A., & Koon, J. 1983 They get better looking at closing time around here, too. Psychological Reports ,52, 657-658.

Padgett, V. R., & Jorgenson, D. O. 1982 Superstition and economic threat: Germany, 1918-1940. Personality and Social Psychology Bulletin ,8, 736-741.

Pliner, P., & Chaiken, S. 1990 Eating, social motives, and self-presentation in women and men. Journal of Experimental Social Psychology ,26, 240-254.

Proffitt, D., & Clore, G. 2006 Embodied perception and the economy of action. Perspectives on Psychological Science ,1, 110-122.

Quinn, R. E. 1977 Coping with cupid: The formation, impact, and management of romantic relationships in organizations. Administrative Science Quarterly ,22, 30-45.

Raghubir, P., & Valenzuela, A. 2006 Center of information: Position biases in decision-making. Organizational Behavior and Human Decision Processes ,99, 66-80.

Rauscher, F. H., Shaw, G. L., & Ky, K.N. 1993 Music and spatial task performance. Nature ,365, 611.

Rodgers, J. L. 2004 Did divorces decline after the Oklahoma city bombing? Journal of Marriage and Family ,66, 90-100.

Rolfe, A. 2008 'You've got to grow up when you've got a kid': Marginalized young women's accounts of motherhood. Journal of Community & Applied Social Psychology ,18, 299-314.

Ross, M., & Sicoly, F. 1979 Egocentric biases in availability and attribution. Journal of Personality and Social Psychology ,37, 322-336.

Roy, M. M., & Christenfeld, N. J. S. 2004 Do dogs resemble their owners? Psychological Science ,15, 361-363.

Rushton, J. P., & Campbell, A. C. 1977 Modeling, vicarious reinforcement and extraversion on blood donating in adults: Immediate and long-term effects. European Journal of Social Psychology ,7, 297-306.

Sedikides, C., & Jackson, J. M. 1990 Social impact theory: A field test of source strength, source immediacy and number of targets. Basic and Applied Social Psychology ,11, 273-281.

Shiv, B., Carmon, Z., & Ariely, D. 2005 Placebo effects of marketing actions: Consumers may get what they pay for. Journal of Marketing Research ,42, 383-393.

Skolnick, P. 1977 Helping as a function of time of day, location, and sex of victim. Journal of Social Psychology ,102 61-62.

Standing, L. 1973 Learning 10,000 pictures. Quarterly Journal of Experimental Psychology ,25, 207-222.

Svenson, O. 1981 Are we all less risky and more skilled than our fellow drivers? Acta Psychologica ,47, 143-148.

Tasso, J., & Miller, E. 1976 The effects of the full moon on human behavior.

Landy, D. & Sigall, H. 1974 Beauty is talent: Task evaluation as a function of the performers physical attractiveness. Journal of Personality and Social Psychology ,29, 299-304.

Lawler, T. P., & Lawler, F. H. 2011 Left-handedness in professional Basketball: Prevalence, performance, and survival. Perceptual and Motor Skills ,113, 815-824.

Levine, R. V. 1990 The pace of life. American Scientist ,78, 450-459.

Mann, L. 1981 The baiting crowd in episodes of threatened suicide. Journal of Personality and Social Psychology ,41, 703-709.

Markus, H. 1978 The effect of mere presence on social facilitation: An unobtrusive test. Journal of Experimental Social Psychology ,14, 389-397.

McConnell, J. D. 1968 Effect of pricing on perception of product quality. Journal of Applied Psychology ,52, 331-334.

Meier, B. P., Robinson, M. D., & Clore, G. L. 2004 Why good guys wear white: Automatic inferences about stimulus valence based on brightness. Psychological Science ,15, 82-87.

Messick, D. M., Bloom, S., Boldizar, J. P., & Samuelson, C. D. 1985 Why we are fairer than others. Journal of Experimental Social Psychology ,21, 480-500.

Miceli, M. P., & Near, J. P. 2002 What makes whistle-blowers effective? Three field studies. Human Relations ,55, 455-479.

Michon, R., Chebat, J. C., & Turley, L. W. 2005 Mall atmospherics: The interaction effects of the mall environment on shopping behavior. Journal of Business Research ,58, 576-583.

Miller, G., Tybur, J. M., & Jordan, B. D. 2007 Ovulatory cycle effects on tip earnings by lap dances: Economic evidence for human estrus. Evolution and Human Behavior ,28, 375-381.

Mobius, M. M., & Rosenblat, T. S. 2006 Why beauty matters. American Economic Review ,96, 222-235.

Moesch, K., Kentta, G., Backstrom, M., & Mattsson, C. M. 2015 Exploring nonverbal behaviors in elite handball: How and when do players celebrate? Journal of Applied Sport Psychology ,27, 94-109.

Mohr, C., Thut, G., Landis, T., & Brugger, P. 2003 Hands, arms and minds: Interactions between posture and thought. Journal of Clinical and Experimental Neuropsychology ,25, 1000-1010.

Moreland, R. L., & Beach, S. R. 1992 Exposure effects in the classroom: The development of affinity among students. Journal of Experimental Social Psychology ,28, 255-276.

Mullen, B., Futrell, D., Stairs, D., Tice, D. M., Baumeister, R. F., Dawson, K. W., Riordan, C. A., Rcdloff, C. E., Goethals, G. R., Kennedy, J. G., & Rosenfeld, P. 1986 Newscasters' facial expressions and voting behavior of viewers: Can a smile elect a president? Journal of Personality and Social Psychology ,51, 291-295.

Munichor, N., & Rafaeli, A. 2007 Numbers or apologies? Customer reactions to telephone waiting time fillers. Journal of Applied Psychology ,92, 511-518.

Greenwald, A. G., & Schuh, E. S. 1994 An ethnic bias in scientific citations. European Journal of Social Psychology ,24, 623-639.

Gridley, M. C. 2006 Concrete and abstract thinking styles and art preferences in a sample of serious art collectors. Psychological Reports ,98, 853-857.

Hansel, T. C., Nakonezny, P. A., & Rodgers, J. L. 2011 Did divorces decline after the attacks on the world trade center? Journal of Applied Social Psychology ,41, 1680-1700.

Harris, M. B. 1974 Mediators between frustration and aggression in a field experiment. Journal of Experimental Social Psychology ,10, 561-571.

Heaton, T. B., & Albrecht, S. L. 1991 Stable unhappy marriages. Journal of Marriage and the Family ,53, 747-758.

Hirshleifer, D., & Shumway, T. 2003 Good day sunshine: Stock returns and the weather. Journal of Finance, 58, 1009-1032.

Hofling, C. K., Brotzman, E., Dalrymple, S., Graves, N., & Pierce, C. M. 1966 An experimental study in nurse-physician relationships. Journal of Nervous and Mental Disease ,143, 171-180.

Hoorens, V., Nuttin, J. M., Herman, I. E., & Pavakanun, u. 1990 Mastery pleasure versus mere ownership: A quasi-experimental cross-cultural and cross – alphabetical test of the name letter effect. European Journal of Social Psychology ,20, 181-205.

Huston, T. L., Ruggiero, M., Conner, R., & Geis, G. 1981 Bystander intervention into crime: A study based on naturally-occurring episodes. Social Psychology Quarterly ,44, 14-23.

Jason, L. A., Zolik, E. S., & Matese, F. J. 1979 Prompting dog owners to pick up dog droppings. American Journal of Community Psychology ,7, 339-351.

Johnson, E. J., Moe, W. W., Fader, P. S., Bellman, S., & Lohse, G. L. 2004 On the depth and dynamics of online search behavior. Management Science ,50, 299-308.

Johnson, R. D., & Downing, L. L. 1979 Deindividuation and valence of cues: Effects on prosocial and antisocial behavior. Journal of Personality and Social Psychology ,37, 1532-1538.

Kingdon, J. W. 1967 Politicians' beliefs about voters. American Political Science Review ,61, 137-145.

Kinzel, A. F. 1970 Body-buffer zone in violent prisoners. American Journal of Psychiatry ,127, 59-64.

Kitzmann, K. M., Cohen, R., & Lockwood, R. L. 2002 Are only children missing out? Comparison of the peer-related social competence of only children and siblings. Journal of Personal Relationships ,19, 299-316.

Klin, A., Jones, W., Schultz, R., Volkmar, F., & Cohen, D. 2002 Defining and quantifying the social phenotype in autism. American Journal of Psychiatry ,159, 895-908.

Kroth, J., Roeder, B., Gonzales, G., Tran, K., & Orzech, K. 2005 Dream reports and marital satisfaction. Psychological Reports ,96, 647-650.

Chabris, C. F. 1999 Prelude or requiem for the "Mozart effect" ? Nature ,400, 826-827.

Clark, R. D. III. 2005 An analysis of players' consistency among professional golfers: A longitudinal study. Perceptual and Motor Skills ,101, 365-372.

Cooney, G., Gilbert, D. T., & Wilson, T. D. 2014 The unforeseen costs of extraordinary experience. Psychological Science ,25, 2259-2265.

Danner, D., Snowden, D. A., & Friesen, W. 2001 Positive emotions in early life and longevity: Findings from the Nun study. Journal of Personality and Social Psychology ,80, 804-813.

Davis, M. H., & Harvey, J. C. 1992 Declines in major league batting performance as a function of game pressure: A drive theory analysis. Journal of Applied Social Psychology ,22, 714-735.

Dean, L. M., Willis, F. N., & Hewitt, J. 1975 Initial interaction distance among individual equal and unequal in military rank. Journal of Personality and Social Psychology ,32, 294-299.

Dekovic, M., & Janssens, J. M. A. M. 1992 Parents' child-rearing style and child's sociometric status. Developmental Psychology ,28, 925-932.

Dodge, A. F. 1938 What are the personality traits of the successful sales-person? Journal of Applied Psychology ,22, 229-238.

Eidelman, S., & Biernat, M. 2003 Derogating black sheep: Individual or group protection? Journal of Experimental Social Psychology ,39, 602-609.

Fredrickson, B. L., Roberts, T. A., Noll, S. M., Quinn, D. M., & Twenge, J. M. 1998 That swimsuit becomes you: Sex differences in self-objectification restrained eating, and math performance. Journal of Personality and Social Psychology ,75, 269-284.

Fridlund, A. J., & Loftis, J. M. 1990 Relations between tickling and humorous laughter: Preliminary support for the Darwin-Hecker hypothesis. Biological Psychology ,30, 141-150.

Galton, F. 1872 Statistical inquiries into the efficacy prayer. Fortnightly Review ,68, 125-135.

Geier, A. B., Rozin, P., & Doros, G. 2006 Unit bias: A new heuristic that helps explain the effect of portion size on food intake. Psychological Science ,17, 521-525.

Gelfand, D. M., Hartmann, D. P., Walder, P., & Page, B. 1973 Who reports shoplifters? A field-experimental study. Journal of Personality and Social Psychology ,25, 276-285.

Gosling, S. D., Ko, S. J., Mannarelli, T., & Morris, M. E. 2002 A room with a cue: Personality judgments based on offices and bedrooms. Journal of Personality and Social Psychology ,82, 379-398.

Grandey, A. A., Fisk, G. M., & Steiner, D. D. 2005 Must "Service with a smile" be stressful? The moderating role of personal control for American and French employees. Journal of Applied Psychology ,90, 893-904.

参考文献

Alpers, G. W., & Gerdes, A. B. M. 2006 Another look at "Look-Alikes" Can judges match belongings with their owners? Journal of Individual Differences ,27, 38-41.

Archer, D., Iritani, B., Kimes, D. D., & Barrios, M. 1983 Face-ism: Five studies of sex differences in facial prominence. Journal of Personality and Social Psychology ,45, 725-735.

Arvey, R. D., Harpaz, I., & Liao, H. 2004 Work centrality and post-award work behavior of lottery winners. Journal of Psychology ,138, 404-420.

Asendorpf, J. B., & Wilpers, S. 1998 Personality effects on social relationships. Journal of Personality and Social Psychology ,74, 1531-1544.

Barry, H.III 2001 Inference of personality projected onto fictional characters having an author's first name. Psychological Reports ,89, 705-706.

Baumeister, R. F., & Steinhilber, A. 1984 Paradoxical effects of supportive audiences on performance under pressure: The home field disadvantage in sports championships. Journal of Personality and Social Psychology ,47, 85-93.

Bellis, M. A., & Baker, R. 1991 Do females promote sperm competition? Data for humans. Animal Behaviour ,40, 997-999.

Berkman, L.F., & Syme, L. 1979 Social networks, host resistance, and mortality: A nine-year follow up study of Alameda county residents. American Journal of Epidemiology ,109, 186-204.

Benson, P. L., Karabenick, S. A., & Lerner, R. M. 1976 Pretty pleases: The effects of physical attractiveness, race, and sex on receiving help. Journal of Experimental Social Psychology ,12, 409-415.

Bossard, J. H. S. 1932 Residential propinquity as a factor in marriage selection. American Journal of Sociology ,38, 219-224.

Brickman, P., Coates, D., & Janoff-Bulman, R. 1978 Lottery winners and accident victims: Is happiness relative? Journal of Personality and Social Psychology ,36, 917-927.

Bryan, J. H., & Test, M. A. 1967 Models and helping: Naturalistic studies in aiding behavior. Journal of Personality and Social Psychology ,6, 400-407.

Burak, L. J., Rosenthal, M., & Richardson, K. 2013 Examining attitudes, beliefs, and intentions regarding the use of exercise as punishment in physical education and sport: An application of the theory of reasoned action. Journal of Applied Social Psychology ,43, 1436-1445.

Burger, J. M., & Burns, L. 1988 The illusion of unique invulnerability and the use of effective contraception. Personality and Social Psychology Bulletin ,14, 264-270.

Bushman, B. J. 1984 Perceived symbols of authority and their influence on compliance. Journal of Applied Social Psychology ,14, 501-508.

内藤誼人（ないとう・よしひと）

心理学者、立正大学客員教授、有限会社アンギルド代表取締役社長。

慶應義塾大学社会学研究科博士課程修了。社会心理学の知見をベースに、ビジネスを中心とした実践的分野への応用に力を注ぐ心理学系アクティビスト。趣味は手品、昆虫採集、ガーデニング。

著書に、『すごい！ モテ方』『すごい！ ホメ方』『もっとすごい！ ホメ方』（以上、廣済堂出版）、『ビビらない技法』『「人たらし」のブラック心理術』（以上、大和書房）、『裏社会の危険な心理交渉術』（総合法令出版）など多数。その数は200冊を超える。

世界最先端の研究が教える
すごい心理学

2019年4月25日　初版発行
2020年8月5日　18刷発行

著　者　内藤誼人
発行者　野村直克
発行所　総合法令出版株式会社
〒103-0001 東京都中央区日本橋小伝馬町15-18
ユニゾ小伝馬町ビル9階
電話　03-5623-5121
印刷・製本　中央精版印刷株式会社

ISBN 978-4-86280-673-4
総合法令出版ホームページ　http://www.horei.com/